经济控制

不持观点的方法论

简贵来

著

ECONOMIC
CYBERNETICS
An Assertion-free Methodology

机械工业出版社
CHINA MACHINE PRESS

这是一本纯粹的宏观经济学方法论研究作品。借用艾伦·格林斯潘的话："我只想做大多数学院（派）经济学家从未做过的事情，检验一下我的理论在现实世界中是否真正行得通。"

本书不是一本图表和公式丰富、充斥数理模型的教科书，亦非通俗经济学读物。本书力求深刻，不采用传统经济学把宏观、微观模糊化的研究方法，而是借助分析和逻辑推理，更加宏观，跳出经济学微观化的羁绊，力求改良宏观研究方法，以控制论思维为路径，以经济为系统，证伪传统方法，凸显宏观逻辑。

图书在版编目（CIP）数据

经济控制：不持观点的方法论 / 简贵来著. —北京：机械工业出版社，2022.3
ISBN 978-7-111-60817-2

Ⅰ.①经… Ⅱ.①简… Ⅲ.①经济控制 Ⅳ.①F202

中国版本图书馆 CIP 数据核字（2022）第 021385 号

机械工业出版社（北京市百万庄大街 22 号　邮政编码 100037）
策划编辑：坚喜斌　　责任编辑：坚喜斌　陈　洁
责任校对：张晓蓉　　责任印制：郜　敏
盛通（廊坊）出版物印刷有限公司印刷

2022 年 3 月第 1 版　第 1 次印刷
145mm×210mm·8 印张·3 插页·170 千字
标准书号：ISBN 978-7-111-60817-2
定价：79.00 元

电话服务	网络服务
客服电话：010-88361066	机 工 官 网：www.cmpbook.com
010-88379833	机 工 官 博：weibo.com/cmp1952
010-68326294	金 书 网：www.golden-book.com
封底无防伪标均为盗版	机工教育服务网：www.cmpedu.com

本书献给我的爱人李淑荣女士及我们的两个女儿简奥、简爱，女婿王蟠和我们可爱的小外孙女 Hattie。

前　言

经济学需要经历一场酣畅淋漓的变革，尤其是宏观经济学。

著名经济学家曼昆在《作为科学家和工程师的宏观经济学家》中写道："上帝将宏观经济学带到人间，并不是为了提出和检验优美的理论，而是为了解决实际问题。"

这是一本介绍宏观经济学的纯学术性的著作。本书尽量直述概念，以推理、逻辑为要，不以传统经济学模型、案例强证命题。

读者需系统阅读，参考控制论这个基础性概念，便于通识。文字力求直白，直击结论。在内容上，本书强调推理和逻辑自洽，全书没有一个数学公式和数理模型，抛开微观经济学中的枝节，不求全面，而求深刻；力求发现逻辑，改善经济学视野。

本书摒弃了基于实证研究的科学主义研究方法，以控制论思维对经济学进行剖析，"不用详细分析和计算也能理解问题，解决别人不能解决的问题"。

本书的主题是"经济控制"，即如何解决经济困境和经济增长的矛盾。阐释经济控制，旨在把控制论的思维方式和工具引入宏观经济学。本书着力于宏观经济学的研究方法及逻辑，而不陷入经济学门派之争，故曰"不持观点"。

为了突出观点和逻辑，本书在"绪论""经济控制""无妄之灾""治理"等部分多层次评价了传统经济学的核心思想，针砭权威理论，秉持扬弃、存废的精髓。本书突出了宏观经济学的框架和逻辑，把微观经济学的基本要素作为基础性元素使用，致力于凸显宏观理论；把控制论的方法论及"宏观、系统、动态、变异、稀缺、不稳定、摩擦、反馈、熵增、自我实现、理性、第二只看不见的手、错误集群、信息力量"等元素植入经济研究。

本书的结构设计是一个难题。读者必须跳出传统经济学的模式，采用宏观视野阅读。本书对"危机""非理性""经济增长""市场波动""信息"等系统性"终端"要素逐一剖析，植入观察、预判、评估、控制的方法和工具，反思传统理论游走在宏观与微观之间"见微知著"的学术铺展，在推理中寻找新的理论补丁。

不能回避，这是一本语言晦涩的书，但命题深刻，读者应不会后悔。偶见哲学的灵光、新颖的观点，自觉醍醐灌顶。作者并非由教科书到理论的学究，借鉴自动控制工程研究经济理论，长期从事经济社会实际工作，丰富了知识结构，少学究，多创新推理，注重实用。

本书存在的学术论证还不够完整。基于控制论的经济学是一部划时代的作品。关于"经济控制论"的作品海内外虽有几部，但更像经济+工程控制论的数理模型堆砌。为了表达严谨，本书以"经济控制"作为书名，立意为站在经济学的门口，顾及"经济"与"控制"。本书有意回避"如何监测、判断，如何反馈、控制"等深入研究，留待在后续著作中完成。

寻找"合适的思想方法"、在方法中"选择可能的路径"、以宏观高度"发现概念"是本书的写作逻辑。经济学前路茫茫是学界的广泛共识，突破并非修修补补，理论创新也不应再次出现在危机之后。

创立新经济学方法论是困难的。无路之处便是路！

目 录

前言

绪 论　不持观点的方法论　　　／001
　一、无路之处　　　／002
　二、梳理归正　　　／003
　三、实用性压力测试　　　／006
　四、选择可能路径　　　／009
　五、合适的思想方法　　　／011
　六、发现概念　　　／012

第一章　经济控制　　　／015
　第一节　控制论不是拐杖　　　／015
　　一、通过反馈控制熵的变动　　　／016
　　二、控制论工具的选择　　　／019
　　三、对经济现象不持观点　　　／022
　第二节　离谱的经济学　　　／023
　　一、误将优美当真理　　　／026
　　二、冲击经典的大门　　　／028
　　三、加盐调和　　　／030
　　四、改造经济学　　　／032

第三节　稀缺的市场　　　　　　　／034
一、市场的稀缺性　　　　　　／034
二、控制市场　　　　　　　　／038
三、市场之累　　　　　　　　／043
四、市场的统治　　　　　　　／049

第四节　供给与需求的对弈　　　　／055
一、信息颠覆的逻辑　　　　　／056
二、无意形成的价格　　　　　／057
三、供给耦合市场　　　　　　／058
四、需求的边际价值　　　　　／059
五、金融杠杆助力　　　　　　／060

第二章　危机的路径依赖　　　　　　／063

第一节　危机秩序　　　　　　　　／063
一、泡沫叩门　　　　　　　　／063
二、孪生的繁荣和泡沫　　　　／064
三、泡沫的辨识　　　　　　　／065
四、泡沫测度　　　　　　　　／066
五、货币之水　　　　　　　　／067
六、危机并不爆发　　　　　　／068
七、风险悄然来袭　　　　　　／069
八、慢进的危害　　　　　　　／071
九、危与机的平行　　　　　　／072

第二节　泡沫不可或缺　　　　　　／073
一、乐观繁殖　　　　　　　　／073
二、发现泡沫　　　　　　　　／075
三、杠杆的撬动　　　　　　　／076

四、信贷扩张的助推　　/ 078
　　五、杞人忧天　　/ 081

第三节　经济衰退的逻辑　　/ 083
　　一、危机已经发生　　/ 084
　　二、群体性共识的危害　　/ 085
　　三、货币之惑　　/ 086
　　四、点燃危机　　/ 087
　　五、点石成金术　　/ 089
　　六、动物精神　　/ 089
　　七、经济衰退的演进　　/ 090

第四节　债务之塔　　/ 093
　　一、危机才是规则　　/ 093
　　二、危机的来源　　/ 095
　　三、慢进的萧条　　/ 097
　　四、杠杆无解　　/ 100
　　五、危机不是例外　　/ 104

第三章　非理性随机游走　　/ 108

第一节　非理性因子　　/ 108
　　一、理性是一种理想　　/ 109
　　二、发现偶然因素　　/ 110
　　三、非理性悬崖　　/ 111

第二节　动物精神驱动　　/ 114
　　一、信心的张扬　　/ 115
　　二、盲目地飞行　　/ 117
　　三、贪婪的快乐　　/ 118
　　四、救赎或肇事　　/ 120

五、自我膨胀的种子　　/ 122

第三节　非均衡适应　　/ 124
　　一、均衡的幻想　　/ 125
　　二、均衡萎缩市场　　/ 127
　　三、信息破坏均衡　　/ 129
　　四、必要的颠覆　　/ 131
　　五、路径依赖　　/ 133
　　六、超越均衡的逻辑　　/ 135

第四节　内在不稳定　　/ 137
　　一、常态化趋势　　/ 137
　　二、不稳定因素　　/ 138
　　三、矫正数学公式　　/ 140
　　四、具有破坏力的种子　　/ 143
　　五、稳定设计的理想　　/ 144
　　六、金融是理解经济的唯一途径　　/ 145

第四章　经济增长效用　　/ 149

第一节　崇尚经济增长　　/ 149
　　一、最迷人的领域　　/ 149
　　二、认知变革　　/ 151
　　三、经济增长的原因　　/ 153
　　四、经济增长的决定因素　　/ 153
　　五、稳定经济增长的神话　　/ 156

第二节　创可贴理论　　/ 158
　　一、工具引发的恐慌　　/ 158
　　二、假设的简化　　/ 159
　　三、创可贴式思维方式　　/ 162

目 录

　　　四、边际效应　　　　　　　　　　／164

　第三节　平衡与调整　　　　　　　　　／165
　　　一、收入恒等式　　　　　　　　　／165
　　　二、平衡与扩张　　　　　　　　　／166
　　　三、市场机制修复　　　　　　　　／168
　　　四、工具的辩证　　　　　　　　　／170

　第四节　干扰增长的或然　　　　　　　／174
　　　一、投资的不可持续　　　　　　　／174
　　　二、技术进步是经济增长的奥秘　　／176
　　　三、不可忽略的干扰　　　　　　　／177
　　　四、技术的创造性破坏　　　　　　／179

第五章　市场波动控制　　　　　　　　／181

　第一节　经济周期概论　　　　　　　　／181
　　　一、经济周期的定义　　　　　　　／181
　　　二、周期学说之论　　　　　　　　／183
　　　三、可否对经济周期视而不见　　　／185
　　　四、逃不掉的经济周期　　　　　　／185
　　　五、经济周期的长短之辩　　　　　／187
　　　六、经济周期之母　　　　　　　　／187
　　　七、衍生关联　　　　　　　　　　／189

　第二节　不平衡逻辑　　　　　　　　　／190
　　　一、金融平台不稳定　　　　　　　／191
　　　二、周期中的加速度　　　　　　　／192
　　　三、摇摆木马　　　　　　　　　　／193
　　　四、自我脱轨的理论　　　　　　　／194
　　　五、方法之变　　　　　　　　　　／195

第三节　市场的波动 　　　　　　　　　/ 196
　　一、房地产诱发波动　　　　　　　　/ 197
　　二、波动容忍宽度　　　　　　　　　/ 198
　　三、波动背后的货币　　　　　　　　/ 200
　　四、非理性助力　　　　　　　　　　/ 203
　　五、外部噪声干扰　　　　　　　　　/ 204

第四节　有毒资产 　　　　　　　　　　/ 205
　　一、带毒的停滞性通货膨胀与货币　　/ 205
　　二、全球化竞争　　　　　　　　　　/ 206

第六章　信息的混沌 　　　　　　　　　/ 208

第一节　市场的恐惧因子 　　　　　　　/ 208
　　一、随机波动的常态　　　　　　　　/ 209
　　二、多维度影响　　　　　　　　　　/ 209
　　三、信息是有成本的　　　　　　　　/ 210

第二节　预期作用力 　　　　　　　　　/ 210
　　一、敏感的预期　　　　　　　　　　/ 211
　　二、预期的自我实现　　　　　　　　/ 212
　　三、被干扰的预测　　　　　　　　　/ 213

第三节　并不神秘的预测 　　　　　　　/ 214
　　一、预测的羁绊　　　　　　　　　　/ 214
　　二、假设之上的预测　　　　　　　　/ 216

第七章　无妄之灾 　　　　　　　　　　/ 217

第一节　大萧条重启 　　　　　　　　　/ 217
　　一、萧条的必然性　　　　　　　　　/ 218

二、萧条的唯一原因就是繁荣　　/ 219
　　三、对经济周期的误读　　/ 220

第二节　通货膨胀概述　　/ 222
　　一、通货膨胀的危害　　/ 223
　　二、通货膨胀的预测　　/ 225
　　三、好的通货膨胀　　/ 227
　　四、通货紧缩不易度量　　/ 228

第三节　货币的黑洞　　/ 229
　　一、再通胀之变　　/ 229
　　二、金融"黑箱"　　/ 230
　　三、利率双刃剑　　/ 231
　　四、汇率冲击　　/ 232
　　五、摩擦的平衡游戏　　/ 234

第八章　治理　　/ 236

　　一、管制需恰当　　/ 236
　　二、开放性干预　　/ 237
　　三、理论之误　　/ 239
　　四、干预适得其反　　/ 240
　　五、治理工具的依赖　　/ 240

参考文献　　/ 241

绪 论
不持观点的方法论

用控制论的语言进行思维的能力，丰富了经济研究和实际经济管理所必需的直觉。

——著名经济控制论学者，奥斯卡·兰格

这是一本以控制论思想为方法工具的研究经济运行过程的书，意在解决经济运行过程中的波动控制问题。"不持观点"是在强调本书不遵循某些学派的思想和方法进行研究，不完全信奉某种理论，而是从控制论的视角分析、评价、推理传统经济理论与实践之间的关系，把控制论的思维方式及工具融入传统经济学中。

著名经济学家保罗·萨缪尔森说过："了解情况的最终目的是要有助于控制和改良。"

本书关注的与其说是事实，不如说是形成事实的过程和原因。本书研究经济发展的动态过程，基于反馈进行推理，关注经济运行过程的变迁规律及原因。

经济学理论很重要，它塑造了我们对世界的理解，也给出了我们寻找答案的路径。它更多地被历史固化成了定义和定律。通俗地说，经济学成了社会生活的指南针和北斗星。

一、无路之处

他山之石，可以攻玉。对西方经济学的研究、总结、反思是建立成熟的经济学理论的主要途径。我国市场经济尚不成熟，经济波动及其形式夹带着计划经济的特征。这种不完全、不规律的市场经济使经济学的实证研究也不能完全描述我国改革开放以来的经济波动的规律。也就是说，我们对经历过的经济波动的研究、总结的基础性资料不够，技术数据的可用性较差，一些研究成果只能描述过去特殊条件下的经济状态，不可简单推广。

不完全的市场经济是我国改革开放道路上的一种探索，也是一种最优化选择，研究它不能套用一般经济规律的研究方法，如果简单地进行引用和拔高，一定会误导今后的经济研究的客观性和科学性。

要研究我国经济的发展规律和趋势，必须研究改革开放以来市场化发展的过程，尊重过去的历史，客观分析社会主义初级阶段的经济发展规律，深入研究我国在特定条件下的经济政策与经济运行之间的关系，寻找实用的、有针对性的研究方法，而不是人云亦云地照搬发达国家的经济学研究经验。

与此同时，要研究、借鉴西方发达国家和新兴市场国家的经济治理理论的发展经验，总结过去重要，研究未来趋势更重要。

理论的后发优势让有中国特色的经济学有机会"借势"弯道超车。借势的途径之一就是借用其他学科的工具方法，在经济学理论上寻找突破契机。

为此，我大量参阅国外经济学家的专著，尤其是对经济规律进行深入研究的学术性原著，以便对西方市场经济从发育、发展到鼎盛时期在时间和空间维度上进行逻辑梳理、推敲、反证、比较分析各种经济学流派。林林总总、纵横交错的学术流派让人在相互矛盾、相互批判和相互验证中心力交瘁。

经济学研究的正确方法应该是不断挑战过去的理论，把所谓的权威理论重新放置到当时的社会经济环境中研究。验证理论的可行性，预测逻辑及方法的合理性，深刻总结过去，如此才能合理推演未来。

在用系统论、控制论的基本观点去梳理经济现象时，我深切地感受到只有深入批判过往经济学理论中一些不系统、不完整、不应时的方法，才能让经济学研究别有洞天。那些用一些深奥的概念和复杂的数学工具搭建的外观美丽的理论框架，在系统的逻辑和方法面前就显得零碎而偏执，动态的力量马上可以把这座华而不实的大厦摧毁。

但经济学家们的研究和努力是宝贵的矿藏。很多观察、分析、工具、方法、结论都非常经典而富有深度，很多理论方法可以传承久远。只不过各个理论体系存在着严重的相互排斥和割裂问题，缺乏融会贯通的系统脉络，缺乏动态方法，缺乏方法上的突破，追求自成体系，这些是留待后人继续完善之处。

二、梳理归正

当然，从重农学派、古典经济学到新古典经济学、货币主义学派、奥地利学派、芝加哥学派，从亚当·斯密、大卫·李嘉图、阿弗里德·马歇尔、凯恩斯到哈耶克、路德维希·冯·

经济控制
不持观点的方法论

米塞斯、海曼·明斯基、欧文·费雪、米尔顿·弗里德曼、保罗·萨缪尔森、保罗·克鲁格曼等,偌大的经济学学术殿堂自然让人眼花缭乱而心驰神往。对于从先哲们身上学到的方法精髓,我们在评价学术问题时既不能简单信仰,也不能一概反对。我们不能用对错来形容学术的观点,也不能脱离时代背景对其进行评价。长期来看,能够引导我们的经济学理论往往是开放的、发展的、具有自我批判精神的思维。用历史的、进化的观点学习先哲的思想,不故步自封,这才是所有学术精神的逻辑。

我们注意到有很多批判和反思经济学的观点,其中有些十分"自大":一些经济学理论自称能够摆平经济周期,挽救或防止经济危机和衰退;一些理论用复杂专业的数学模型推导出自由市场经济体系天生具有自动迈向均衡的内生力量,危机、衰退、动荡、周期是不会发生的,如果真的发生了也是一种意外,经济系统会很快自动回到均衡状态。

一些伟大的经济学理论随着时间的推移褪去了光环,这是事实。但与其说一些经济学巨匠走下神坛,不如说是时代进步的节奏把他们的空间压缩了,这是正常的,也是残酷的历史迭代。凯恩斯创立了宏观经济学,但使用的还是新古典经济学的均衡分析框架。

凯恩斯主义者把经济学家们推上了庙堂,让他们走上了"出将入相"的政治舞台,于是协助政府制定经济政策成了经济学家的工作重点。凯恩斯理论的"需求管理政策"便成了操控财政政策、货币政策的理论依据,形成了稳定经济、抑制通货膨胀的理想治理境界的理论方向。这是当时凯恩斯理论受

绪 论
不持观点的方法论

各国政府欢迎的根本原因。然而，20世纪70年代肆虐西方世界的停滞性通货膨胀让凯恩斯学派的理论受到严峻挑战，甚至面临被颠覆的危险。

以弗里德曼为代表的货币理论逐步取代了凯恩斯理论的地位，主张以货币扩张政策来调整经济运行。紧接着，罗伯特·卢卡斯的理性预期学派成了西方经济学的新主流，这个时期很多自由主义思潮开始钟情于奥地利学派的理论，可谓各领风骚好几年，城头频换大王旗。学术界的多元争鸣有利于学术的进步，但同时也暴露出经济学落后于经济现实的窘境。反思与批判的浪潮成了必然的态势。

英国经济学家梅格纳德·德赛在《自大》一书中提出：经济学家需要重拾这样的观点——市场经济是一个动态的不均衡系统，其拥有短周期和长周期，经济总量会扩张，但商业也会受到破坏，进而另一轮周期也会重新启动。

庞大的学术建筑群已然在立，我没有能力简单概括或挑战所有理论，也不想提出太多说法。本书将尝试从经济系统的动态视角，以多维要素、非理性、不均衡等系统思想，借用控制论的基本工具探讨干扰经济运行的问题，尤其是如何识别经济态势，提前预判危机的来临，以及如何控制经济波动及发挥经济系统的自我调节能力，以信息反馈调节机制形成经济治理思想。

正统经济学虽然经历了时间的考验，可谓枝繁叶茂、硕果累累，但其许多方面、许多领域还是空白，其对世界的了解不能完全与时俱进。正统主流经济学深奥的行业术语和复杂的数学公式让人们容易陷入学术研究的泥潭。尤其正统经济学理论普遍认为经济通常情况下处在均衡状态，大衰退是一种偶发的"冲击"。这套理论认为这种冲击过后，即使经济出现一个新的、更低的均衡水平，在适当的时候，自由市场经济的"均衡基因"也会将经济"抬升"至原来的水平。

虽然我认为这种观点是幼稚而浪漫的，但我觉得还是应该从学术灵魂深处尊重这种浪漫，我们也愿意相信并尊重自由市场的规则，从追求经济均衡的治理方法出发理解这种浪漫。

经济危机和衰退的残酷现实绝非如此理想化，传统经济学中假设检验的方法论和用控制论判断、解释经济现象两者之间存在分水岭。

三、实用性压力测试

有人觉得经济学就像算命，无论哪一个学派都有一套完整的理论体系，学术巨匠层出不穷。但每每遇到经济危机就会理屈词穷，只是各种流派之间争论不休，掩盖危机。人们常常会问，是我们的学术成果过时了还是这个世界变化太快？事后诸葛亮人人会当，但根本的问题是，事后诸葛亮是否称职呢？危机平复之后能够准确分析导致经济现象的原因也是一件重要的事。英国前首相丘吉尔说过："不要浪费一场危机。"如果不能在危机后得出正确的分析结论，其实就是浪费了这场危机。历史经验证明，事后形成的理解并不具有高度，无法适应今后经济要素变量的差异，经济学家很难把过去的研判放置在现在的条件上。

这就是科学。科学的宿命就是在批判和反思的路径上进步，科学的研究体系本来就是动态的，自身处在不断异化和变

绪 论
不持观点的方法论

异中。亚当·斯密、哈耶克、凯恩斯生活的年代有其局限性，可以有效追溯的历史也是有限的。学术研究绝不会有永恒的、放之四海而皆准的理论工具。

经济学的研究走向何方依然是个通俗而深奥的问题。我们正在经历自1945年以来未曾经历过的生活。在经历过坎坎坷坷和高速发展之后，我们是否正在经历着问题累积或经济规模屏障的下行周期？是否能够回到高速增长的繁荣时期？这里确实存在着不可知和不可控的因素。

虽然经济学流派众多，但有两类截然不同的观点：一类观点认为经济是静止的，一直处在均衡的状态中；另一类观点认为经济是动态不均衡的，存在着无休止的繁荣和衰退周期。在相当长的时间内，静止论在学术圈内地位显赫，成果丰硕。另一类观点则显得孤家寡人，理论突破较少，并缺乏强有力的理论工具。尤其在凯恩斯理论的推动下，不会有多少人愿意在经济繁荣时倾听相反的观点。但是，近几十年来的经济发展已经不断提醒人们不可忽视动态不均衡问题了。我们虽然看到很多获得诺贝尔经济学奖的经济学家们都在致力于更加微观的细分领域的研究，却没有从根本上触及宏观、动态、非均衡的经济运行问题。对危机、衰退、萧条的研究也更多地集中在微观领域，但这些问题本应该以宏观经济的视野去研究。

没有解决宏观框架下的逻辑关系问题，就很难充分解释危机的产生、发展和控制。

穆瑞·罗斯巴德在《经济学的争论》一书的序言中写道："主流经济学遭受两大不利因素：一是想要听起来像物理学的一个分支，满足那些想要成为专业经济学家的精英们的幻想；

二是想要像约翰·梅纳德·凯恩斯和艾伦·格林斯潘一样坐在权力的桌子上,这种想法催生了自上而下的畸形物,我们称之为'宏观经济学'。"他的观点透着经济学界对宏观经济学的认识和嘲讽。

从经济运行的起起伏伏可知,经济学的压力测试时刻存在,我们需要重新判断经济学的实用性问题。简单的道理是,不具实用性的理论是没有生命力的。就像希腊神话中的巨人安泰俄斯(Antaeus),他是强大的,但只有在脚踏大地的时候才会如此。当安泰俄斯没有与大地紧密相连时,他的力量马上消失了。经济学理论只有在实际应用中被证明有效,才能算作强大的工具。

为什么理论的虚无化越来越严重呢?这的确存在着一定范围的"合理性"。不是应该如此,而是一种面对现代问题的无奈解释。

譬如,很多经济学家清晰地认识到,预测需要观察和收集数据,而不平衡或非均衡的过程是很难观察的,这的确是真话。经济系统一般而言是不能表达为数学模型的,也是不可完全预测的,不存在绝对的均衡状态。所谓的"据实"的研究方法其实是基于过去感知到的信息,而对信息的感知却存在偏差,总有一些信息无法被观察者识别,但这种信息存在并正在系统中蔓延、变异,这便是实证研究的问题所在。这是信息论研究的通识,但经济学由于难以识别混沌信息常导致研究无路可行。研究者们对这一点的重视程度是远远不够的。

经济学研究首先需要研究者们改变观念,其次是改变方法,因为"理论实用性"是经济学必须要迈过的一道坎。经济学的方法论自然不能落后于社会经济的变化节奏，否则会让更多的人对经济学的功用不屑一顾。

四、选择可能路径

本书希望把经济系统的不均衡特性与人类动态的、非理性的行为和系统论、控制论的理论工具相结合，以反思现有的理论体系、挑战一些明显的错误、评价社会经济发展过程的来龙去脉，以更加符合逻辑的、理性的思维去预测人类非理性行为的经济后果。

对经济学的相关方法，我们首先有反省的必要。

经济学家不会像考古学家一样做实地考察，也不会像自然科学家那样在实验室做实验。经济学家只是面对数据，在收入、投资、消费等数据的时间序列里观察，用统计方法为这些数据建构模型。模型一旦获得社会认可，会在很多年里都被推崇，直至模型被证伪或者过时。这种看上去正确的方法其实存在"顾前不顾后"的问题。

我们暂且不去探讨这种研究方法是否科学。这个基于静态数字的模型并没有按经济系统要素的变动规律在动态中进行描述或者构建。这是经济学把"假设"作为研究前提，使用微观的研究方法面对众多要素时的一种无奈选择。

有一些经济学家将经济周期和波动问题视为市场经济中的系统性事件，或者称之为市场失灵事件，也有一些经济学家认为它们是非系统性的随机事件。这些说法虽有一定道理，但更多的是无奈的解释。这些观点缺乏对动态经济体系的数据采集和研究，这就是控制论参与研究经济系统的切入点。

有一些经济学家使用了一些动态方法，他们认为：所有数据都存在随机误差，误差是由"测量误差、缺失非重要变量和纯粹的随机概率"等因素导致的。他们在反思自己的理论体系，但只轻描淡写地将其归于"误差"。人们没有在理论体系中采取"及时发现误差"的机制，在分析问题时没有对这种误差导致的结果再进行深入的论证。而这个"及时发现误差"的机制就是控制论中的信息反馈。

有一个误区是，经济学的数据采集常被理解成一种技术方法。准确采集数据，并将数据作为分析的依据是微观经济学研究的方法论共识。这种方法论建立在微观研究的基础上，而不是本书一直强调的"宏观分析"和"直觉判断"。但在具象的、复杂的经济系统中，采集并分析数据不仅难以把握大方向，而且容易被误导。可感知的信息不一定是完整的，人们也许会"避重就轻"，得出所谓正确的结论。控制论方法不是工程控制，不是微观具象的监测、调节、反馈，而是奥斯卡·兰格强调的"经济研究和实际经济管理所必需的直觉"，其并不依赖具体的分析和计算。

新古典经济学家提出了两个"冲击"概念：导致总供给曲线上下运动的"技术冲击"和导致需求曲线上下运动的"偏好冲击"。他们没有详细描述这两类"冲击"概念，因为他们认为这仅仅是"数据适应性运动"的体现，尽管看到这些冲击会有"静态"和"动态"之分，但他们还是把这种理论研究的进步用"动态随机一般均衡理论"覆盖掉了。

我们从中也能看到，在经济学研究的过程中，越来越多的研究者开始以动态的、系统的观点进行分析，采集、统计来自内部和外部的干扰因素。承认经济系统中存在变量，是动态的系统，会受到来自内部和外部各种因素的干扰，这的确是经济学研究的进步。"冲击、偏好、适应性"等概念本身就具有明显的控制论的特征。

五、合适的思想方法

著名经济控制论专家奥斯卡·兰格在《经济控制论导论》中写道："控制论发展了一种处理和解决问题的合适的思想方法，我们称之为控制论思想，这类控制论思想类似数学或统计学思想方法，不依赖具体的分析和计算。学会了用控制论语言来思考的人，不用详细分析和具体计算也能理解问题，理解事情的基本环节、元素之间的关系和实际解决别人不能解决的问题。用控制论的语言进行思维的能力，丰富了经济研究和实际经济管理所必需的直觉。"

经济学的数理化和过度微观化让经济学变得越来越神秘，远离实际社会，出现了学术封闭化的趋势，类似于专利申请只追求"新颖性""独创性"而缺乏实用考量。我们可以尝试接受兰格的"极端"说法，建立更多的"逻辑和规律性"分析，把握宏观经济的基本脉络。

关于经济学中数学应用的可能后果，萨伊提供了清晰的观点。他认为，表面上看来极为精确的数学方法，只会拉伸和过度简化那些蕴藏于经济学原则的合理见解，从而严重扭曲对人类行为的定性的分析。

如果数学和统计学无法为政治经济学提供恰当的方法，那么什么方法才是恰当的呢？萨伊深入分析道："它会考察所面对问题中的直接要素，将其确认后……便用其开明、敏锐的直觉理解来估计它们之间的相互影响。"简言之，经济学不能通过伪量化或者数学方法来实现，而是要靠"开明、敏锐的直觉理解"。

正如美国著名经济学家保罗·克鲁格曼所说，宏观经济学中正规经济学的方程式和图表不过是用来帮助修建一座知识大厦的脚手架而已。一旦大厦修建到一定程度，就可以拆除那些脚手架，只留下"通俗易懂的文字"。

一言九鼎与极端刺耳可能孪生。兰格的说法极具独创精神，对于传统经济学家而言，需要认真思考这种"不用详细分析和具体计算也能理解问题"的经济分析观点。尽管几十年来，传统经济学或多或少借鉴了包括控制论在内的其他学科思想和方法，但藩篱之隔犹如天堑，控制论既没有被广泛应用到经济学中，其本身也存在着自身发展不足及缺乏经济社会应用的缺陷，当然还有来自其他学科的轻视和对立。

宏观化是对经济学微观化趋势的一种矫正。宏观经济学关注大的趋势和变化规律，以控制论的思想和方法为指导，使人们不用详细分析也能理解问题、解决问题；在信息监测、反馈、调节的主动性基础上，关注信息识别、震荡、紊乱、正反馈等现象，高屋建瓴、去伪存真地观察问题，配合动态的、不稳定的、非均衡的观念去理解和处理经济系统出现的问题。

六、发现概念

本书的大量篇幅围绕控制论的观点从宏观视角观察经济波动、危机、大萧条及市场运行问题，试图在宏观经济学的研究

绪 论
不持观点的方法论

方法方面找到突破口，即所谓"发现"概念。

我们认识到研究经济的重点是"研究如何解决经济困境和经济增长问题"，这是确立经济研究方向的重要判断。然后，我们再以系统的方法在更加宏观的层面上，以兰格的"不用详细分析和具体计算也能理解问题，理解事情的基本环节、元素之间的关系和实际解决别人不能解决的问题"作为一种思路。全书贯穿着以动态思维克服经济增长中的负面影响，充分理解经济增长就是经济危机的另一半的道理。

研究的方法论一定建立在一些基本原理之上，包括要解决经济困境和经济增长的问题。我同意著名经济学家罗伯特·卢卡斯的观点，即宏观经济学是"大萧条"催生出来的一门学科。回顾经济学的历史，主流的观点在经济学的进化中也开始承认经济体系自身的进化会出现严重的变异和遭其他因素干扰；开始相信经济存在周期性波动，相信市场和政府都会失灵……这些观点也带有控制论的影子。

经济学的发展总是伴随政治、经济、社会的发展，曲曲折折地一路改变。进步是总趋势，但进退失据也是常事。

经济学的发展历程分成三个阶段：古典经济学是人类农业文明的结晶；新古典经济学是人类工业文明的结晶；而现代经济学一定是人类信息文明的结晶。基于这样的逻辑，本书结合了信息论、控制论、系统论的基本原理，以信息识别、处理为甄别观察问题的基础，给出了清晰的经济学分析路径，力求形成更加完整的宏观经济学导引，形成一个更加宏观而非中观的、更加高瞻远瞩的视野，形成不拘泥于枝节、更具思辨能力而非基于假设和计算的宏观经济学。

路德维希·冯·米塞斯在 1933 年发表论文《国家经济学问题研究》，这篇文章是经济学方法论研究的一个里程碑。他是第一个摆脱了在经济学方法论中追求"实证主义"和"相对主义"的方法，首次充分解释了为什么人类行为的规律不能通过历史"数据"被"检验"的人。他的理论是一种物理学的"科学主义"方法论。

学术方法论的改变是一个重要问题。但我们明白，经济学现状中主流的分析和预测方法是由经济学研究对象的限制造成的。中国经济学家向松祚在《新经济学》中写道："经济学迄今为止，最具'笼罩性'的理论体系仍然是供求理论体系，最核心的概念还是供给和需求、成本和收益。它们之间的逻辑关系就是一种迈向均衡的机制或关系，这种关系被称为价格机制。"

这是经济学研究对象的基础问题。这种经济学对象的形成是一种进步，但把经济学限制于供求关系范畴显得有点微观了。本书试图把经济学研究置于更加宏观的层面，突破供求关系主导下的理论体系。

亚当·斯密凭借"价格机制"或"供求关系"逻辑下的"看不见的手"，为近 200 年来的经济体系构建了统一的解释架构。但现在的经济学继续抱着过去的权威理论已经很难突破了，需要新的经济思想。布莱恩·阿瑟的《复杂经济学》和向松祚的《新经济学》都颇有"改弦更张"的味道。

第一章
经济控制

第一节
控制论不是拐杖

> 秩序是最小概率的,而混乱是最大概率的。
>
> ——吉布斯

诺伯特·维纳是控制论的创始人,他不仅把"控制论"这个新名词引进了自然科学,还把控制论的思想引入人类社会,提出了一整套哲学观。

美国物理学家吉布斯在物理学领域做出了很大的贡献。他把统计学引入物理学,奠定了热力学的基础,提出了吉布斯自由能与吉布斯相律。他认为随着宇宙的衰老,紊乱的概率也会自然增加。这个概率的度量就是"熵",而熵的基本特性就是无序程度的不断增加。

维纳也讲到,随着熵的增加,有组织状态会趋向于混沌的无差别状态。在吉布斯的宇宙理论中,"秩序是最小概率的,而混乱是最大概率的"。应该说,维纳提出的控制论就是以这个观点为核心补充并发展起来的。

一、通过反馈控制熵的变动

控制论原本的目的在于创造一种语言和技术,能研究一般的控制和通信问题。维纳的观点是:当我们支配环境时,我们就要给环境一个信息。任何信息在组织中的传递过程总是存在衰减的趋势。而传统经济学恰恰没有关注信息衰减的问题。

在控制和通信中,我们总是要同"组织程度降低"和"意义模糊不清"的趋势做斗争,基于控制论的经济学研究认为这非常重要且符合实际情形。

维纳的主要思想是在企图通过反馈控制熵的变动,在这一点上,生命体的躯体活动同新式通信机器的运作是完全类似的。

热力学第二定律告诉我们,任何一个系统都存在着熵增的趋势。一个地区、一个国家在缺乏外界控制或干扰的情况下(无反馈、无调节),一定会走向无序。

控制论的理论建立在系统基础上,认为系统的不稳定性(熵增)趋势的存在是必然的。任何一个系统中的指令(信息)通过一定规则和通道传输都存在着变异和逐步衰减的可能。反馈作为一种机制不仅仅需要建立通道(信息反馈),还离不开工程控制论中提到的感觉接收器(传感器)。反馈过程涉及多渠道的信息采集,系统把反馈的内容与系统的原始期望值的比较结果 t_i 差值输入中央调节器(决策机构),通过输出信息(指令)调节(干预)控制系统的熵增趋势,即所谓的调控。调控过程是一个进阶式、多循环的过程。

控制论在工程上的应用已经非常成熟,并且成为一门专业体系健全的学科。"工程控制论"的研究对象是控制和通信,其核心问题是信息的传输、处理、存储和利用。自动控制技术在导弹、飞机、车辆及工业机器及生产线上得到了广泛应用。

控制论着眼于系统的控制,研究系统的行为方式。控制论认为系统中的变量是具有强烈的随机性的,所以要用统计学的时间序列方法来处理。它认为信息不会一成不变地放置于任何地方。这就是控制论典型的动态观察和研究方法。

控制论是不是哲学我们暂且不去探讨,但其引发的哲学思考和方法创新却不可回避。其中主要有三个问题:

(1) 黑箱理论　黑箱理论是控制论的一个重要方法。所谓黑箱,是指那些具有某种功能而内部结构不清楚的系统。从外部观察给系统输入信息引起的输出响应,由此分析系统的动态过程,推断系统的行为,就是黑箱方法。我们在经济学研究中过度相信数据和结构的清晰性,是排斥黑箱理论的一种表现。宏观经济学家自微观及中观经济学范畴借用理论和工具,必然会导致对体系"了如指掌"的误判。

(2) 机器思维　机器能否思维是控制论研究的一个重要哲学问题。人工智能的进一步发展已经成为可预见的事实,围棋的人机大战就是一个例证。经济体系运行过程中自我膨胀、自我繁殖现象客观存在,这就是机器思维的一种表现,但经济学喜欢把这些行为以非理性一笔带过。

(3) 信息的本质　信息是物质的、精神的还是第三种东西？这还是一个值得研究的哲学问题。经济学对于信息的认识、传输、处理、变异的研究远不及控制论对信息的了解，轻视经济体系中最重要的信息是导致传统经济学的推理错误、判断错误的核心问题。

控制论把系统的自动调节过程描述成：外界信息（输入）按一定的法则被中央处理器（调节器）处理，产生的新的信息（输出）反作用于外界，以达到一定的目的。根据输入和输出方法建立系统模型的方法被称为"黑箱"方法。

我们把控制论的理论和方法提炼出来，可应用于工程学、生物学、生态学、环境科学、化学、哲学、经济学、社会学等学科，并由此开辟了新的思维方式和研究途径，给研究方法注入了"灵魂"。控制论结合系统论、信息论形成的"三论"在20世纪后半叶对学术、经济、技术、方法产生了极其巨大而深刻的影响，尤其是在社会与经济学的领域中引发了革命性的变革。

控制论的分支有医学控制论、神经控制论、生物控制论、工程控制论、经济控制论、社会经济控制论、自然控制论、军事控制论及管理控制论、人口控制论、认知控制论等。

现有经济控制论著作几乎都充斥着数学模型，大多数相关学者都是工程控制论基本知识架构中的"裱糊匠"。也许这种说法不太公平，毕竟一个新的学科在进入经济体系学术领域的时候学术氛围还没有形成，研究的历程还不够长，但这个现象到目前并没有实质性的改观。

我的专业是自动控制。由于个人爱好，我在1981年阴差阳错地读到了维纳先生的《控制论》，于是这个概念一直贯穿在我的工作和学习中。我早期的一篇论文《控制论不是拐杖》就提出不能把控制论作为一种具体的、狭隘的工具看待，提出它是一种方法论、一种哲学思维的观点。

二、控制论工具的选择

几十年来，控制论、系统论、信息论对国际社会、政治和法律事务等领域产生了极大的影响。其中，人口学的发展是具有代表性的研究成果。20世纪80年代，我国很多专家利用控制论广泛参与人口发展过程的研究，针对人口发展的稳定性和控制规律的研究取得了非常多的成果，找到了人口系统稳定性的准则和人口统计的方法。我国政府在很大程度上借鉴并依据这一理论，制定了我国的计划生育政策，旨在让二三十年后我国的人口可以停止快速增长，不会出现国际舆论认为的人口大爆炸局面。事实上，21世纪初，我国的人口增长曲线已经出现下行趋势，控制人口增长的目标也已达成。

控制论作为一种方法论应用领域很广。可以这样理解，凡研究对象是一个系统，无论这个系统是闭环系统还是开环系统，就都可以使用控制论。

控制论的基本概念涉及"控制与调节""进化与适应""估计与识别""反馈原理""稳定性与收敛性""最优性与鲁棒性""自繁殖与自组织"及"必需变异度率"等。

人类天生是实用主义者，对有用的理论和工具当然会积极使用。无论是作为方法论还是哲学，控制论的观点和方法都是我们观察、研究及解释经济系统中发生的问题的有价值、有逻辑的理论工具。

通俗了解一下控制论的工具和方法，有助于阅读本书并理解在经济系统中应用控制论，可以实现对经济波动、危机及萧条的控制。

（1）控制与调节　为了"控制"既定目标，经济系统乃至社会系统的治理过程中都存在"调节"过程。而这个既定目标就是"系统输入信号"。

（2）进化与适应　主流经济学承认经济系统类似于生物体，在运行过程中存在着运行机制和内容的"进化"。市场经济的重要特征是经济机制的自我调节，即"自适应"。而这种经济进化和自适应的过程本身是与信息的"传递"和"反馈"相关的，当受到外界干扰时，系统能够自我调节其他参数而保持系统的基本平衡，比如市场上商品的供给与价格的调节，以及外汇市场的汇率波动调节。

（3）估计与识别　一个系统会不可避免地受到外界干扰，系统若过于敏感会频繁受到干扰，但"估计"是一个动态的评估和纠错行为。经济系统的"识别"需要站得高、看得远。

（4）反馈原理　经济控制的核心工具是经济运行过程中的信息"反馈"。经济系统如同工程控制系统，分为"开环控制系统"和"闭环控制系统"两类。开环控制系统是指被控制的系统的"控制器"发出"控制信号"时不依赖系统的"输出信号"，即效果反馈情况，这是一种"不计后果"的、主观的控制方式。这种控制方式常被用于社会实践中的一些常识性领域或有明确先验知识的领域。但是，对大多数经济系统的控制都是"闭环控制"，或者是多循环的进阶式控制，也就是以不断检测到的市场输出信号反馈决策。如果反馈信号（系统输出信息）与系统输入信号作用方向相反，则称为负反馈。负反馈是控制系统中反馈的基本形式。

（5）稳定性与收敛性　控制的重要目的之一就是实现稳定性。工业系统的控制参数和经济指标同样需要"稳定性"。控制过程中要避免"反馈振荡"，比如政府发布指令调控某个产品的生产和销售以求交易稳定，但消费者却因此担心产品短缺而抢购，本来基本稳定的市场供求却被调控信号扰动了，输入信息导致调节过度，加大了系统的波动，从而导致"振荡"。收敛是指在一个系统的控制变化过程中检测到的误差值趋于减小。收敛意味着趋于稳定，否则就是发散。所有系统控制都要避免出现发散现象。对于经济指标的调节，"收敛性"是非常重要的。

（6）最优性与鲁棒性　"最优性"与"鲁棒性"同样是控制过程中的重要概念。控制论从两个角度看"最优性"：一个是在给定目标值时，利用获得的实时信息，在一定约束条件下对目标函数求最优；另一个是最优控制，即在一个最优目标下进行动态控制的过程，从而使得系统控制达到最优。相对应的概念"鲁棒性"是指系统受外界干扰时，理想的控制器既要追求最优性，更要追求鲁棒性，也就是让系统对环境扰动不敏感。这个指标与控制系统检测环境变化的敏感性要求不是一个概念。

(7) 自繁殖与自组织　生物体自繁殖中的变异表现在经济社会系统中同样存在。目前,经济学缺乏对"自繁殖"和"自组织"机制的关注和研究,因此远远不能解释经济系统的市场效应,也没有能够在经济政策研究中更多地纳入人的思想、狭隘、偏见的干扰作用。

(8) 必需变异度率　这个概念是由英国著名的控制论专家R. 艾什比提出的,说的是决策者或支配者要进行适当的控制,控制器各作用量必须等于或大于系统中的各受控量。虽然这个概念更多见于自然界和工业控制,但对经济社会也有指导意义。在经济控制过程中,我们要根据被控制对象的复杂性程度而提高知识、思维、理论和工具水平。

三、对经济现象不持观点

在经济社会中,我们不应该零零星星地运用某些控制论概念来解释一些问题,而应以控制论特有的逻辑结构拓宽已有的经济学成果,逐步形成一种创新型理论体系。该体系不应参与其他经济学门派的观点之争,它关注的是研究方法和逻辑。也就是说,控制论或经济控制论对经济现象是不持某种具体观点的。

控制论是一门开放的学科,它的方法论是无法穷尽的,经济系统中的理论和工具都可以与控制论进行融合。

控制论的创始人维纳是一个数学家,统计学家吉布斯和控制论先驱艾什比都是数学和自然科学出身。现代经济学研究需要博采众长,如此才能丰富自身并贴近现实社会。

用经济控制论学者兰格的话来说:"用控制论的语言进行

思维的能力，丰富了经济研究和实际经济管理所必需的直觉。"这是控制论赠给经济学的一份厚礼。

第二节
离谱的经济学

当经济学家在理论上犯错误的时候，普通大众就要在实际生活中受苦。

——《外交政策》的编辑，摩伊希斯·奈姆

经济学流派众多，但在 2008 年那场金融危机之前，学界似乎忘记了现实世界正在发生的事：大家犯了同样的错误。我们不得不反过来审视主流经济学的理论逻辑问题。

理论的创新是一个痛苦的过程，权威的理论背后是一整套复杂的科学体系，还有一大批忠实的追随者。

2008 年金融危机的余波犹在，经济要素经过强刺激之后更加复杂，理论突破未现。美国著名经济学家保罗·克鲁格曼在《纽约时报》发表反思文章《经济学家为何错得如此离谱》，论述了主流经济学家在危机来临之前为什么没有预测到危机的来临。

我们知道，经济学的每一个流派都是一个完整的系统。从假设、推理、逻辑到框架已经形成了专业的学术理论体系。每一个学派都是在特定条件下"被确立"起来的，存在适时的合理性。在历史过程中，各类学术体系的自我调整和自我批判

经济控制
不持观点的方法论

是其生命力的核心,但其往往成为所有学者的软肋,因为自我反思和自我批判并不是一件容易的事。理论上各学派之间的相互学习和相互借鉴本是相融的,但客观上,经济学家也不能免俗,任何一个经济学家都有门派之见。无论是淡水学派(Freshwater)或是咸水学派(Saltwater),无论是新古典学派还是凯恩斯主义,连同生活在现代的大师级门徒米尔顿·弗里德曼和保罗·萨缪尔森,他们的观点虽然是广泛而深刻的,但激烈而理性争论的背后仍隐藏着对某种理念的坚持。

各学派之间看上去存在巨大的差别,但在研究具体问题时还是有一定的共同点,有些边界也是很模糊的。只是让它们自觉相融却是困难的。

解释这些学派之间的隔绝不是一件易事。常识认为学术思想无论差异多大,解决问题的思路无论多迥异,研究的结论应该趋同,因为客观上经济学不是为了某种学派而存在的学术。但事实却把我们的说法击得粉碎。如果列一个完整的对比表,把主流经济学的各种流派观点进行微观对比分析,一定会让分析大师"头大"。

经济学学派之争从宏观上看要清晰得多。简单至一个结论:经济学学派之争就是"政府干预"和"自由放任"的争论史。他们中最具代表性的人物就是凯恩斯和哈耶克。争论的中心是"市场经济是否完善",也就是"市场有效性"问题。有效性是经济学的重要概念,它本身是一个关于"度"的概念,因为大家都承认市场的作用,只是质疑市场有效性的范围和程度。凯恩斯承认市场是有效的,具有重要的作用,但认为市场经济是不完善的、有缺陷的,因此需要政府进行适当的干预,这就是"市场与政府结合论"。哈耶克则坚信市场是完善的,市场有能力就货币、投资等引起的问题进行纠正,因此不需要政府干预经济。

两种观点都隐含着一种"假设":市场有效。虽然两种观点都承认市场有效,但在"度"上存在着差异,尤其在是否承认市场具有自动纠错能力的问题上分成两派,这就让"市场有效性"的学术差异代表了两种极端思想的方向。

这种差异的后果是在经济学方法的基础层面有力地推动了经济学的数理化,经济学的宏观思辨能力因而严重萎缩,宏观经济学被微观化了。

在某种程度上这正是经济学远离经济现实,判断市场波动不准确的一个原因。而且,这是最重要的原因。

微观经济学的地位在过去近两百年来不容挑战。因为长时间里经济学一直被新古典经济学主导,这个学派的强势对于经济政策的制定产生了巨大的影响。虽然对"完全竞争"的均衡状态的专注推动了对市场"缺陷"和"失灵"的探索,但是,这种强势有点"越俎代庖"了,客观上造成宏观经济学的空间被挤在了角落,其正常发展趋势被丰富的要素之间的关系带进了微观研究的深沟。

在经济学学派之争中,学术的思辨观念缺乏,很多建设性意见被排斥,人为观察的角度问题被强化了。凡是强调市场是有效的,就是自由放任的学派。否定市场自我调节能力的,只强调政府的干预作用的就是政府干预学派。定义简单而整齐划一。

尺度是分析任何问题都需要把握的因素,经济学中简单而绝对的假设截然放弃了对"度"的把握,由此造成经济分析方法在现实中是不科学的。静态划分理论学派的方法是错误的,因为任何经济现象或者制度都是在一定的条件下动态变化的。然而,动态的东西讲起来容易,把握起来却困难得多。所以才会有那么多人热衷于静态的、建立在假设前提下的研究方法。这种方法看起来学术味道很浓,也很微观、具体,并且贴近现实,但面对宏观经济现象时却如同在汪洋大海中迷失了方向。

一、误将优美当真理

保罗·克鲁格曼认为一些经济学家"误将优美当真理",导致规模化形式主义的文风占领着学术高地,以致学术研究的实用主义目的被大大淡化了。在2008年金融危机中,信奉"自由放任"和"政府干预"的两类经济学家都未能预见、警告或阻止这场危机。难道优美而标准化的经济学名词真的一无是处了吗?

简单化地否定和简单化地肯定同样远离科学精神。很多人在反思近年来经济学界存在的问题时出现了严重的偏激。

2010年发表的《危机后的宏观经济学》认为对经济危机没有成功预测并不是经济学整体的失败,宏观经济学的错误在于其核心方法论"动态随机一般均衡模型"(DSGE模型),它创造了一个脱离真实世界的"自我世界"。我们且不说这种经济学模型的合理性和覆盖面,但任何一种理论工具只要脱离现实,就都会走入学术死角。当然,目前这些理论模型还是具有权威性的,但它们不仅远离现实,还在走向狭隘和不切实际。

第一章
经济控制

经济学家未能预见金融危机,是因为他们设计的宏观经济模型建立在理性预期上,这和现实完全不符。

经济学家詹姆斯·K.加尔布雷斯写道:"宏观经济运行中充满的各种复杂的互动关系限制了我们所能达到的认识水平。""我们更需要做的是考虑这种复杂性对于经济人行为和反应的影响,从而寻求在这种巨大不稳定性面前依然具备稳健性的分析工具和宏观经济政策。"

我认为詹姆斯·K.加尔布雷斯的确找到了经济学家们经常犯下常识性错误的原因。大家公认宏观经济学正变得越来越脱离现实,并且有更为严重的方法问题。

本书认为静态的、假设的方法是违反经济现实的。没有控制论的概念,如信息、监测、调节、反馈,静态、假设、均衡的逻辑分析的症结远不止于理论脱离实际。

被广泛推崇的动态随机一般均衡模型具有三大特征。"动态"指经济模型的各变量在经济体系中随时间变化而变化的动态性质。"随机"指经济体系受到各种不同外在因素的随机影响,包括技术冲击、货币政策冲击及偏好冲击等。"一般均衡"指宏观经济体系中消费者、厂商、政府与中央银行等每一个市场参与者根据其偏好及对未来的预期所做出的最优选择的总和。这种模型貌似有着正确的理论基础,它提出的动态、随机是符合经济学研究思维的,但过于强调逻辑自洽的方法让它忽略了其在真实世界的实用性。缺乏控制论工具的方法论更多地停留在一种表面说法和导向上,必须借助"模型"这种教条的方式去推理迅速变化着的经济运行状况。

本书不深入讨论动态随机一般均衡模型。它的理论基础有一定的时代特征和先进性,是经济学研究的有效方法。虽然经济体系几乎穷尽了人类已知所有因素的干扰,但一些人类未知的因素也在发挥作用,人类不可能依靠数学方法囊括所有,推理出符合数学逻辑的经济学结论。

从方法论上来看,精细化并不是分析宏观经济的有效方法,或者说,微观经济学的逻辑和工具代替不了宏观经济学的逻辑和工具。动态随机一般均衡模型的忠实追随者采取了极端简化的方式描述经济体系的变动过程。这个简化方法有严重的不确定性和不完整性,结论一定会走向错误。其中,模型化要素的选择性采用和选择性的前提设定(经济学家们常用的假设)是符合动态、随机及复杂经济系统的相互关系的。

在模型中精准地反映所有因素的干扰是不现实的,若以简化方式对经济变动过程采样,显然不符合经济系统要素的变动规律。可见,以微观经济学的工具度量宏观经济的运行规律本身就是一个逻辑悖论。

二、冲击经典的大门

评价流行的宏观经济学的研究方法是困难的。任何一个理论框架都具有一定的合理性、实用性,但不会穷尽所有,覆盖快速变动的真实世界。

经济学更像是一部经济史学,很多经济学家都在解读前人的学术观点或者回顾经济史。我们预见未来的能力和方法一直在经受考验。经济学家尚无法像气象学家那样根据过去及现在的气象资料,在既有的理论、工具及手段的基础上推断出未来一段时间的天气变化。

第一章
经济控制

经济学的"理论、工具及手段"就是经济学研究的方法论。数学化、模型化的经济学可能更适合作为事后验算工具，动态、随机、均衡、理性预期等研究工具确实是有效的、专业的，然而却放错了平台。

当今的主流经济学是新古典经济学，就像中国经济学家向松祚先生在《新经济学》中描述的那样，它有严格的理论假设、优雅的数学模型、完整的逻辑结构和精妙的基本定律。经由标准教科书、大学课堂、期刊和学术著作的传播，新古典经济学已成为在人类经济社会占据支配地位的世界观和方法论。"那个乌托邦式的完全竞争一般均衡体系则成为经济学者梦寐以求的理想境界。简言之，新古典经济学是数百年来无数经济学大师知识和智慧凝聚成的巍巍高山"。

然而，这座巍巍高山的基石是脆弱的和虚幻的，新古典经济学的学术大厦有着无法克服的内在逻辑矛盾。其定律、理论、结论与真实的经济世界严重脱节。

虽然当前经济学研究的格局百花齐放，但主流经济学还是独占鳌头。实证经济学的方法论很难被挑战。但我们可以换一种思路：第一，经济历史是主流经济学家写就的，它强势的外表之下不一定全部是真实的；第二，经济学最理性的地方应该是批判性思维，但我们看到的经济学结论却被当成定义、定律被传承，除学派之争外鲜有质疑；第三，不在广义上接受动态系统的观点而深入狭义的腹地"深耕细作"，宏观经济微观化研究，结论精辟却被高技术化误导；第四，实证的逻辑是眼见为实，经济的演化过程被经济学"采样"的时间段截断，结论自然抽象而片面。

经典理论是基础,需要我们不断研究。

三、加盐调和

信奉有效市场的"淡水学派"和相信政府干预的"咸水学派"之间的争论虽然会持续下去,但双方的共同点也越来越明显了。市场和政府的缺陷是存在的,有时候需要政府干预以挽救经济危机的局面。

经济学界出现了一些喜欢往"淡水"里"加盐"的人。这些人的观点和研究方法越来越得到社会的广泛接受,尤其是在处理经济问题时相对追求稳妥的政府部门,更容易接受这种中庸之道。

往"淡水"里"加盐"就是在无缺陷、无摩擦的均衡理论的基础上,引入了更加符合现实世界的因素。换言之,承认经济系统是存在缺陷和摩擦的,过去的经济学假设中通过个别因素的变动规律来研究经济系统的方法论是不适用的。一些学者不断冲击传统的、经典的经济学大门,这个世界的多样性已经不是传统学派的假设可以解释的了。

约瑟夫·E.斯蒂格利茨提出了"信息不对称"概念,试图推翻信息对称的前提,由此否定传统经济学的研究方法。

年轻时的保罗·克鲁格曼为传统理论模型引入"规模报酬递增"的概念,颠覆了传统的贸易理论。

乔治·阿克洛夫提出了"动物精神"对经济系统运行的影响,改变了传统理论,认为符合逻辑运行的经济要素是有可能被突如其来的某种不确定意识改变的。

富兰克·H.奈特的不确定性理论改变了一味坚持合理预

第一章
经济控制

期的观念，作为古典自由主义者、芝加哥学派创始人及批评家，他告诫公众，经济学家的知识是有限的，其预测失误是不可避免的。

诸如此类的创新概念的提出和应用实实在在地影响了正统经济学。奈特甚至自嘲似的承认："经济学者知道的，普通人也知道；普通人不明白的，经济学者也不明白！"

当然，主流经济学在潮流面前也在引入经济系统的缺陷和摩擦等新概念，以弥补自身理论的缺陷，让自己的理论具有更高的现实性，同时也能维持经济模型的权威性。

淡水学派相信市场的自我调节能力，即使经济系统的自我调节不完善，也应该允许经济运行付出更多的代价，让这种调节继续下去，直至这个过程完全结束，而政府不能出台刺激经济的政策加以干预。而咸水学派认为政府干预或者刺激经济是一种针对经济衰退的有效补救措施。如果市场失灵，或者缺陷和摩擦特别严重，政府就应出台干预政策来确保市场正常运行。

事实上很多人都乐意接受短暂的、临时的刺激，因为这的确有利于促进经济早日复苏。有的时候，在特殊的经济危机的背景下，强势的政策制定者往往更多地采纳"政府干预"的咸水学派的观点，让信奉"自由放任"理论的人无可奈何。

两种看似截然相左的观点之间其实只隔一张纸。市场的确是存在缺陷的，有可能会失灵，政府应该是一个有耐心而负责任的家长，需要在关键时候帮助市场收拾残局。

很多表述表面上看无论多么正确，其实只是面对绝境时的一种无奈选择。实践中存在着大量的调和或中庸之道。在没有找到公认的、创新的经济学方法论之前,争论还会继续下去。

一个观点虽然刺耳,但却是真理:不是市场失灵,不是政府失灵,而是理论失灵。

四、改造经济学

经济学存在的问题一定是与经济学家的经历、知识结构及价值观相联系的。

拉斯·特维德在《逃不开的经济周期》中列举了一些经济学家的经历,以强调理论联系实践的重要性。他从另一个视角解释经济学不仅需要改变知识结构,还要丰富自身经历。书中提到,大多数早期的经济学家都有较为丰富的实务经验。约翰·罗、理查德·坎蒂隆、亨利·桑顿、大卫·李嘉图、霍特里和卡钦斯都是银行家。萨伊和帕累托是工商界的实业家,纽科姆是天文学家,穆勒和克里门特·朱格拉两个人都当过医生,熊彼特当过工厂经理和奥地利财政部长,凯恩斯的工作经历也非常丰富。他们的辉煌的思想都曾经在现实世界中经历过长期的探索。

寸有所长,尺有所短。专业出身、经历丰富者可能在经济学的纵深研究上硕果累累,思维活跃、见多识广者可能创新理论,打破僵局。然而,经济学的问题远不止于这些障碍。只有不断地挑战和反思才可能让经济学走在社会实践的前面。

宏观经济学是否应该更加宏观?学界公认奥地利学派经济学的理论体系是非常丰富的,涵盖了经济理论、政治哲学等诸多领域,属于既有理论,又有政策的跨界学科。它的研究重点包括利息、时间、资本理论和经济周期,被称为"人的行动"的经济学。米塞斯、哈耶克、熊彼特、庞巴维克等学术大家的理论都是从微观到宏观,不仅研究范围广泛也极具深度。然而,我们需要汲取其中精华,分类学习,在学术的汪洋大海中苦苦寻找宏观理论的核心要义。

但一个研究范围广泛且具有新思想精神的奥地利学派的大集合理论是不利于宏观经济学的突破的,这是改善宏观经济理论时常会遇到的困惑。

中国经济学家朱海就在为英国经济学家伊斯雷尔·M.柯兹纳的《市场如何运行》的中文版作序时写道:"凯恩斯创立了宏观经济学,但使用的还是新古典经济学的均衡分析框架,'新瓶装旧酒',他无非用'充分就业'代替了新古典经济学的'市场出清'。"

那么,宏观经济学的核心要义应该是什么?这个问题在正统经济学里好像有点荒诞不经。

本书认为宏观经济学可以成为一种更具高度、宏观性、思辨性、逻辑性的存在,在推理方面凸显价值;如果经济学被复杂而深奥的微观经济学包裹着,以正统的研究对象"供求关系"作为基础,经济学被微观化就是必然的。

微观经济学需要微观而丰富多彩,宏观经济学则必须有高度而博大。抱着工业化时代的经济学"实证"成果,抱定供求理论,研究全球化的信息时代,无异于缘木求鱼。

经济学的实践,倒逼经济学形成一个动态的、系统的、非均衡观念下的宏观经济学方法论。通过"宏观审慎"的逻辑方法而非以模型"挖掘"结论,相对"纯理论"地、更宏观地观察、反馈、评估、推理经济运行,才能控制秩序的"熵减",得出方向性评估结论。

第三节
稀缺的市场

一、市场的稀缺性

英国经济学家莱昂内尔·罗宾斯给出了经济学的一个经典定义:经济学是研究具有不同用途的稀缺资源使用的学问。

1. 稀缺导致市场

稀缺导致了市场的出现,之后才成就了经济学体系的辉煌。稀缺性就是市场的表现形式,研究稀缺必须透过市场发现稀缺。也就是说,经济学研究的主要议题就是市场。

这个话题好像太通俗了,很多人往往视而不见。研究市场成了经济学的泛称,但是,市场的本质问题"稀缺"却被经济学家普遍忽略了。罗宾斯的经济学定义反映了透过表面看本质的研究精神。

本书从"稀缺"的角度看待经济学,以期发现经济学理论体系中的新入口。不是微观地研究这个"稀缺"的概念,而是希望引导经济学要素研究更加宏观、更关注本质。

稀缺存在于广泛的现实中。当没有足够的商品来满足每个人的需要时,市场才会出现。实现对稀缺资源的获取是推动人类进步的动力,也是产生竞争的原动力。

第一章
经济控制

我们在讨论市场资源及其稀缺性的时候，一定要把"市场资源"这个概念放在首位。土地、水、矿产、劳动力、工具、资本、技术都是资源，而且都是稀缺资源。在经济学的理论中，资源都是稀缺的，包括空气。

在市场经济活动中最具有影响力的终端产品应该是金融产品、房地产及大宗商品。这些商品和其他商品一样有稀缺的特征，但不一定是常识中的商品短缺。甄别商品的稀缺性与常识中的商品短缺是经济学能否把狭义市场和广义市场分开的关键，也是区分宏观分析和微观分析的关键所在。简言之，供求关系与市场价格不正相关。

听起来还是有点费解。市场上存在两种供求关系，它们处在两个层次上。一个层次是基础性的供求关系，供大于求时对消费者有利，供小于求时对供给者有利。这个层次的商品供求关系说明市场经济水平处在初级阶段，生产及供给能力不发达，没有形成市场的充分竞争，商品短缺导致市场稀缺。此时，经济活动受资源稀缺约束，市场调节工具短缺，调节空间狭小。另一个层次是市场已经处在充分竞争阶段，正常情况下不会因为供给不充分而影响运行，但仍存在着两种干扰市场运行的情况：一是供求关系不匹配；二是需求的支付能力不足。在资源充分丰富时，市场出现的稀缺是由市场稀缺性的本质决定的。

市场永远具有高度的稀缺性。甚至在商品处在供大于求的情况下，市场的稀缺性也没有改变。这个时候需要站在宏观经济学的角度看待稀缺问题，而不是拘泥于微观的稀缺概念。

2. 稀缺不是短缺

经济萧条时，大家看到的一般都是商品供给过剩。问题的另一面是严重的需求不足也会反映在供给上。

无论是20世纪30年代、70年代还是21世纪初的经济危机，都是供给过剩和需求不足两个极端现象同时出现。20世纪80年代后期，日本受房地产泡沫破裂的影响深远，史称"失去的20年"。2008年，美国房地产次贷危机引发了历时10多年的量化宽松政策以缓解经济危机的危害。这说明稀缺不仅仅会由物质短缺，也会由需求短缺导致。

人们在事后经常会问，经济危机出现时，资产价格下跌，为什么消费者不趁机进行低位投资呢？事实上，在危机来临时，不仅没有出现规模化的低价抢购资产现象，反而出现了众多低价抛售者。这个时候的市场稀缺表现为信心稀缺。

3. 稀缺约束市场

我们一直存在一个误区，把微观要素放置在宏观经济学层面研究，结果是微观要素作用下的变动被观察者放大并提升到一定层面，成了宏观经济研究方法，这不仅混淆了概念，也让宏观的预判被具体化的经济现象分析挤出了决策平台。

宏观经济系统中的要素排序是动态的、变化的，在社会经济发展的不同时期各要素的权重是不同的，作用于市场及某个产业的方式也不是一成不变的。而微观经济学研究中假设了它们的位置和地位相对固定。更重要的是，这些要素的作用不仅仅取决于它们本身，更取决于动态趋势及其与其他复杂要素形成的组合。这是我们以控制理论研究经济学时必须注意的问题。

第一章
经济控制

相对于其他要素，稀缺性要素的影响更加深远、广泛。所以，有些经济学家将研究房地产市场运行基本规律的重点放在研究其稀缺性上，因为房地产的稀缺性特征是真正的约束性条件。

以美国次贷危机为例。表面上房屋的供给量充足，市场需求也非常旺盛，但是旺盛的需求是在银行零利率及零首付支持下以金融杠杆撬动起来的需求，是假性需求。这部分消费者的消费能力不能与供给匹配，是次级消费的极端表现。这部分消费者的消费市场（需求）在经济学理论上是不存在的、是脆弱的，这就是市场稀缺。

市场需求是在特定经济环境、金融政策及消费预期的作用下，与供给协调配合形成的。否则，稀缺性就会充分发挥其破坏性作用，导致市场扭曲、资源浪费及经济运行不畅。

反之，与需求不匹配的供给就是无效供给。某一个城市的房地产供给总量需要5～8年才能被市场消化，是典型的供过于求，但价格不仅不降反而涨幅很大。这有悖于供求理论的基本规律，没有出现供过于求时价格下跌、供不应求时价格上涨的现象。

无论用供求关系还是稀缺性理论解释这些经济现象，我们发现都有一个逻辑误区，那就是不断地以新的观点解释当时的经济现象。也许把当时的约束性条件找到了，就能够充分解释这种现象，但以控制论的观点来看，这种方法存在着明显的"就事论事"的方法论错误，不能充分解释长期经济运行中可能出现的问题。

事实上，经济系统中所有可能的波动、震荡、萧条、危机都是整个经济系统甚至是政治社会系统的紊乱导致的。这种紊乱不仅仅是由于某几个要素出了问题，而是经济体的检测、调节、反馈机制出了问题。

这是合理的逻辑，也是可以实现的控制方法。本书将不断引导大众理解这种思维方法。

二、控制市场

控制是出于某种目的和欲望而采取的计划、策略和手段。自有商品交易以来就有了市场，来自四面八方的"控制的手"一直存在着。由于市场的复杂性，控制市场必然涉及人的理性、市场均衡及变异、动态反馈等概念。

1. 有效市场假说

传统经济学总是在讲供给与需求的关系，经常讨论有效供给与有效需求的概念，但还是很容易产生误导，别说大众了，就连经济学和政策制定者往往也会跟风。

其实，经济学研究的需求只有"有效需求"。我们理解无论商品市场如何变化，有支付能力的需求才是有效需求。

消费者在没有富余的资金或者不看好未来前景时，不会将需求转化为市场交易行为。这个时候需求是存在的，需要是迫切的，也许支付能力也没有问题，只是对经济发展不乐观，对市场趋势不看好。因此，消费者会选择过度储蓄、购买银行的理财产品，甚至购买国债而不积极消费。往往是商品价格越跌，消费者越不买。这个时候人类的理性显得弱不禁风，表现的需求是无效的。

凯恩斯理论的观点就是针对有效需求不足的理论，倡导要出台政策以刺激消费者消费，促使客观存在的需要变成有效需求。有效需求的理论背景是假设两个主要因素在起作用：一个是消费能力问题，即消费者没有钱或者被负债拖累；另一个是预期问题，即消费者对市场的信心不足或利空情绪蔓延。过去几十年，很多国家都在跟着凯恩斯的指挥棒起舞，需求的确被刺激了，某种程度上解决了需求不足导致的市场萎缩，起到了刺激经济增长的作用。

但问题又来了。凯恩斯的有效需求的激活靠的是什么？当然是印钞、量化宽松。这种行为严重影响着经济体的"健康"状况。所以，目前经济学家普遍反对一味使用这种量化宽松政策应对经济萧条。我们把凯恩斯式的经济刺激称为需求侧管理。现在还没有权威研究数据显示需求侧管理能让多大比例的资金转化为有效需求，我们看到量化宽松推高了房价、加剧了通货膨胀和M2的增速，但对GDP的助力不但小而且维持的时间短。

然而，正如过去的经济治理中出现的现象一样，供给侧改革不是一种简单而立竿见影的政策。当经济萎缩局面形成的时候，可能政府部门最乐意使用的还是需求侧管理。

这也是市场的复杂和奇妙之处。这个问题看似一个明明白白的老问题，但我们研究市场时却重复着过去的谬误。

我们将把房地产市场当成经济学研究的一个顽疾分析。我们之所以称其为经济学的顽疾，是因为它已经成为我国的一个"问题产业"，它已经不是房地产产业本身的问题，而是一个"市场"问题。换句话说，房地产市场的复杂性不完全是房地产自身演化出来的，它是宏观经济政策、金融市场、民间消费及市场预期等要素相互迭代、相互作用形成的。

研究市场一定离不开货币,而楼市和股市是最重要的两个货币池子。我们首先把房地产市场问题解剖一下。

中国近十年来的房地产市场稀缺表现在有效供给不足,而货币增发又导致有效需求处在饥渴状态。这种稀缺不是普通商品的稀缺,而是标志性商品的稀缺。但它会把这一点点稀缺的影响扩大,传导到相关联的商品上。

实践中,中高端产品的稀缺会抬高价格。而中低端商品由于价格敏感程度较强,自我调整速度很快,其稀缺的表现更多体现在促进消费热情上,其持续时间较短。由于中高端商品的目标人群对价格的敏感度较低,少量商品房的稀缺性就可能拉动整个楼市的价格波动。它总是在波峰上推波助澜,标志性效应强烈。在拉大与中低端商品的价格差距的同时,中低端商品的价格上涨趋势自然也提高了。

在这种情况下,市场会给出一种激励,对稀缺商品的激励。在这种激励机制的引导下,供给方会增加这种商品的供应。于是,一段时间后这类商品供大于求,出现滞销。

当市场弥漫着萧条的负向激励时,供给就会自动减少,市场交易冰冻,严重拖累宏观经济,政府不得不选择凯恩斯理论,行政干预往往再次刺激需求,导致一边倒的消费意愿,出现了有效需求后,房地产的交易活跃度上升,房价上涨,于是供应者开始增加投资,市场供应再次快速增加,又一个周期快速形成。

经济学家格里高利·曼昆说:"家庭和社会面临着如何配置稀缺资源的决策。从我们拥有的资源少于我们所希望的意义上说,资源是稀缺的。经济学是研究社会如何管理其稀缺资源的。"

2. 市场的泛化

解决市场的有效性和市场目标的控制问题，必须充分理解市场，设置有效的市场经济目标。

经济学意义上不应该存在房地产市场或者石油市场的概念，那是管理学意义上的物化市场。过去，市场的概念在经济学中长期存在着地域性。随着交通、通信、物流的发展，市场的全球化程度越来越高，市场变成了更加广义的市场。但有一些商品的地域性还是很强的，比如房地产。

我们研究市场时关注的一般是物化市场。在物化市场中强调对其有着实质性影响的要素。这种传统研究方法已经不适应现实的要求了，因此本书多次强调，只有站在更加宏观的角度才能凸显宏观经济学的市场经济。

宏观经济学意义上的市场一定包括政策导向、金融、消费心理、消费偏好、居民收入、未来预期等非物化要素，而不是只注意土地、建筑、材料、劳动力及资金要素的组合和叠加。

控制"市场健康发展"和促进"经济稳定增长"是经济治理的终极目标。经济学在市场控制方法的研究上存在着严重的狭义倾向。但微观经济学的市场概念不同于宏观经济学的市场概念，所以容易误导决策者在宏观政策层面使用微观经济学的治理工具。

研究任何一个产业的核心问题都是市场，除非远离商品经济。这个市场绝不能是狭义的物化市场，而应该是广义的商品经济市场。

系统调控是控制论的方法论，需调动广泛要素参与，递进式分层调节,并重视市场信息反馈。我们必须把市场的概念和层级甄别清楚,否则,市场经济的所有理论工具都会失去效力。

3. 控制的变异

承认市场存在稀缺性为经济学研究打开了一个新的思路。

经济学的一切探索都是为了控制市场,为了实现经济稳定增长并按既定规划前进。掌握了市场的规律才能控制市场的节奏。接受稀缺性是市场运行机制的重要约束条件,同时把控供求关系等因素的影响,如此我们才能了解市场的基本规律。

控制是手段,不是目的。控制过程是复杂而多层级的,达到目的的手段和过程必然是在科学体系之下的。

现实中,我们不能把宏观经济系统中那么多复杂的要素都作为控制对象。我们必须选择"关键要素"进行调节,做到牵一发而动全身。当需要调节辅助要素以综合施治时,控制系统会形成"多层级调节"通道,以修正针对主调节要素可能产生的不足或过度震荡。

控制论方法的核心是把经济社会体系看成是一个巨大系统。控制不是针对一个微观的产业或一个区域,更不是头痛医头式的诊断治疗。这一点非常重要。

控制论的方法是,无论是宏观经济系统的控制还是微观经济系统的控制,都需要检测要素、确定目标值,响应干扰因素的正反作用和破坏性,并且在开环系统或者闭环系统中利用输入、调节、输出、反馈、再调节、再反馈等工具经过循环往复,让输出值靠近目标值。这个系统能否稳定,取决于系统的"自稳定"状态,也取决于干扰因素的介入程度。

经济系统的调节是一个多层级、多要素的过程，复杂性不亚于生物系统的调节。

在调节过程中，不应排斥其他要素的参与。

经济控制过程涉及宏观控制和微观控制问题，经济学的市场调节问题绝大部分是宏观控制问题。没有甄别宏观经济学的工具与要素，容易使我们从微观经济学的概念出发，控制的狭义化和局部化就会成为必然。

三、市场之累

市场的神奇之处就在于，它能够协调无数人的选择。

——威廉·伊斯特

1. 不稳定趋势

我国近 40 年来商品的需求结构是稳中有变，逐步提升。由于供给侧存在一定的滞后，已经凸显的需求样本作为决策的锚，一般会导致针对"主流需求"扎堆的产品供给。

毋庸置疑，这就是自由市场的竞争逻辑，它的存在是合理的，也是积极的。充分竞争的自由市场会在市场稀缺性产生抑制状态时在系统的信息反馈下反思、调整，直至靠近目标值。

控制理论认为无论市场是一个闭环系统还是一个开环系统，最终都会实现自我调节，调节的效率则因系统而异。如果行政手段或者金融机构参与了市场的调节，由于政府调控的能力和效率比较高，市场就会逐步演化成政府主导的宏观调控。结果可能是积极的，也可能不是，但无论是市场的自我调节还是行政调节，市场的震荡都在所难免。

在系统中，不管调节力度的大小，也不管自由化程度的高低，干扰因素总会给供给者和消费者传递不同的信息，导致系统"熵增"。通过反馈调节，经济指标又会出现收敛性，系统便趋于稳定。

市场的不稳定性与生俱来，这正是控制论的核心，也是目前很多经济学派广泛接受的现实。

2. 均衡与非

新古典经济学的理论假设认为人是理性的，理性人在一个静态的、均衡的世界中进行决策。显而易见，新古典的均衡理论已经严重脱离现实。

非均衡经济学已经占据一席之地。非均衡强调经济系统运行过程的中断和破坏，着眼于经济行为主体为了适应不断变化的情况而不断进行的调整，即自我调节。

现代经济学有这样的共识：均衡与非均衡是相对的，轮流存在的。非均衡的出现有一定概率，其持续一段时间并在系统自我调节后可能会消散，表现为经济运行中均衡现象增多。但经济的内生动力会推动其发生变化，在一系列技术创新、制度变化和外部力量的影响下，不断强大的非均衡力量成了推动经济革新的动力。

非均衡理论强调偶然性、不确定性，对变化持开放态度。认为非均衡是经济体系的一种内生动力，它本身就意味着不确定性，这种不确定性往往是由技术变革导致的，这也是经济进步的诱因。把技术变革理解成"破坏性运动"是熊彼特在100年前就提出的观点，他的名言是："经济体系中存在着一种力量，这种力量能够破坏任何可能达至的均衡"。

经济泡沫和崩溃也是非均衡现象的表现。资产价格自我强化会形成泡沫。经济行为主体（群体）在市场预期一致时起作用。预测结果明显向好时，高价格波动周期就会出现。这种现象源于相互作用及自我强化的正反馈行为。

追求市场均衡是经济学的终极目标。但非均衡的泡沫和崩溃是经常出现的。现实往往是非均衡多过于均衡，把控非均衡是推动经济进步的必然要求。

的确，市场经济在初期时存在着一定程度的均衡，但也不是绝对意义上的均衡。非均衡一直伴随着市场经济的发展，只不过很多人不愿意承认罢了。目前，非均衡理论强调并关注的干扰因素有技术进步、泡沫等，以控制论的观点来看是不完整的。控制论强调，经济系统在运行过程中一直处在动态的不平衡和调节力量的干扰中。而系统的反馈是有正负之分的，在正反馈的作用下，系统会放大经济指标，加强系统的发散趋势。负反馈的抑制作用则在一定程度上平抑市场的波动，但不一定就会实现均衡。

所以，仅承认市场的非均衡特性是不够的，要深入把握导致非均衡的深层次原因和市场运行过程中可能的变异和震荡。这部分涉及经济系统的可知要素和不可知要素、自我繁殖、正负反馈、系统的自我不稳定性等因素。经济学需要从更加宏观的角度找到抑制系统震荡的途径。

3. 不完全竞争

完全竞争是一个错误的假设。传统经济学家假设市场是"完全竞争"的，因为这样就可以实现"资源最优配置"与"零利润"。当然这是一种以假设为前提的经济学研究方法，这种假设导致的错误和成果一样多。

经济控制
不持观点的方法论

大家都知道理想化的市场是不存在的，但预先假设的方法又让我们假设市场是完全竞争的。问题出在是否理解、接受市场的竞争存在自我震荡、自我调节的过程。可观察到动态的市场运行有其缺陷，也会失灵，更会导致非均衡。交易过程中市场竞争的动力来自市场机制的规范和趋利动机推动下的积极进取。外部力量的抑制和政府干预会诱发市场交易产生波动，除此以外，市场在积极力量的作用下也可能过度扩张，形成泡沫，还可能诱发系统震荡导致市场机制失灵。所谓的积极力量是指人类在逐利性驱使下的行为，并非完全市场竞争机制的结果。

经济决策者应该为经济参与者提供激励和信息，以协调他们背对背的计划，让他们充分感受到交易能带来互惠，这是一种有效的市场激励办法。理论研究不应该假设市场是"完全竞争"的，而是应该辅助市场竞争机制的充分发挥，让市场尽可能地接近完全竞争状态。

理想主义者总是认为在完全竞争的条件下，市场可以完美地达成这种协调，以至于所有交易的收益都被汲取，所有的生产成本达到最低，所有技术也都被使用。

完全竞争忽略了真实的市场行为的特征，用看似逻辑严密的推理、更加深奥的理论把市场经济的运行轨迹拉到了理想的极致，但忽略了市场干扰因素的"经济学结论"可能是市场的破坏者。

市场的竞争程度是市场成熟程度的衡量指标。理想化的、依靠假设形成的经济理论本身是空洞的理论游戏。任何市场的运行机制都是在复杂而矛盾的体系中形成的，竞争是伴随市场制度的成熟而兴起的，市场的成熟度越高，竞争的完全度越高。加之经济系统是动态的，市场机制也同样处在不断调整和被调整的过程中，假设中的完全竞争状态是不会存在的。

4. 让市场自行其是

每个系统都有自身的运行规律，自我演化、自我调节、自我修复是一个有机系统的基本能力。

按照维纳的自动调节原理和经济学大师亚当·斯密的"看不见的手"理论，系统都有自我调节机制和能力，他们都主张不干预或不急于干预。

亚当·斯密的《国富论》的中心思想是"看不见的手"在调节市场。他认为社会经济的现象看似杂乱无章，但它有自我调节机制。市场上某种商品供应短缺时，其价格就会上升。价格上升会使生产商获得较高的利润，这个信息传至其他生产商时，这种产品的生产就会增加。供给增加了，需求没有明显变化，价格就会下降。消费者和供给者以市场为纽带进行着某种博弈，寻找平衡点。用亚当·斯密的话来说，每个人"只想得到自己的利益"，但是又好像"被一只无形的手牵着去实现一种他根本无意要实现的目的，……他们促进社会的利益，其效果往往比他们真正想要实现的还要好"。

经济学的一个共识就是人是自利的。在市场体系下，人会尽可能地赚钱。市场体系不是由革命或个别人物缔造的，美国经济史学家罗伯特·海尔布隆纳在《经济学统治世界》一书中写道："市场是一个多面向的自发过程。"

我想强调的是，只有具备约束条件的市场才能称得上是真正的市场。我相信科斯先生的观点："市场是创造出来的。"

亚当·斯密理论的大敌不是政府，而是任何形式的垄断。

他反对政府对市场机能的干预。他认为如果自由竞争受到阻碍，那只"看不见的手"就无法修复市场缺陷，不能调节供求关系。这种阻碍往往是市场机制不完善或政府过度干预导致的。亚当·斯密相信自由贸易，反对高关税，反对政府对商业和自由市场的干涉。他认为政府干预会降低经济效率，最终使供需双方及政府付出较高的代价，并且这种过度干预一定会适得其反。

控制论原理告诉我们要把经济市场当成具有一定自我调节能力的系统。如果系统被破坏得非常严重，那就要因时、因地制宜和人为干预。当宏观经济、社会处在崩溃的边缘时，它们可能需要政府的政策干预。这就是20世纪30年代后世界经济支离破碎、危机四伏时凯恩斯理论得到人们推崇的原因，但那个时候维纳的控制论还未诞生。控制论诞生后，它的基本理论配合了凯恩斯的政府干预理论，但两者之间的差异也是巨大的。

商品市场的自我调节功能是很容易表现出来的。市场的比较能力及消费者的个人好恶、消费能力都会参与市场调节。消费者和供给者对商品价格的波动同样敏感。在有利可图时，供给者就会变得积极。当然，供给者增加供给的初衷不是平抑物价。但当市场供给量提升时，供给短缺的局面就会改变，市场供不应求的局面也会改变，物价就会有所回落。同理，市场需求短缺（消费不足）时，物价就会下降，供应数量会逐步减少，经验数据表明，物价下行的周期会更长一点。从历史上看，市场萧条局面对市场信心的破坏会十分严重。

"自我调节"准确描述了市场的美妙之处。假如市场产出、价格或者投资在一段时间内偏离了基本规律和社会水平，就会有一股力量将它拉回来。所以，有人说市场是经济自由的极致，也是最严格的监工。

主流经济学派认为，发展的问题不应该靠行政指令来解决，而应依靠一群自由逐利的人的行动来解决。然而，我们作为理性的理论工作者，一定要清晰地区分广义市场和狭义市场。商品市场属于狭义市场，治理者和消费者可谓一目了然。然而，经济学所说的市场是广义市场，不在一般人的视野之内。市场机制在广义市场范围内的自动调节会受到众多要素及系统力量的影响，一般人看来往往会"一头雾水"。不全面的信息、不成熟的判断及丰富的感性意志集合往往会形成一种预期，这种预期会积极参与市场调节，因此不可预见性和不可控性自然提高。

对此，新古典经济学没有高度关注。所以，市场的自我调节功能并没有理论上那么有效。

四、市场的统治

1. 第二只看不见的手

苏格兰的爱丁堡是一个奇特的地方，除诞生了人所共知的《道德情操论》《国富论》的作者亚当·斯密外，还有出版了具有划时代意义的《大不列颠票据信用的性质和作用的探讨》、常被称为"中央银行之父"的亨利·桑顿，以及新货币（纸币）的发明人、《论货币和贸易：兼向国家供应货币的建议》的作者约翰·罗。

约翰·罗阐述了"货币需求"的概念，桑顿把所有不同的信用手段看成一个整体。亚当·斯密的"看不见的手"

（"第一只看不见的手"）也是伟大的思想。然而，桑顿关于信用的研究指出，信用体系是不稳定的，货币增加后只要经济能够随之增长，就会导致就业率提高，并掩盖货币过度供给可能带来的严重问题。但对于增加货币供给实现经济增长的做法，桑顿并不看好，他认为采用这种增长模式的经济系统存在着严重的"内在不稳定"问题。这与亚当·斯密"看不见的手"的自我调节、自我修复理念有着显著的差异。桑顿认为，经济运行具有自我复轨的能力（负反馈现象），同样经济也有自我脱轨的能力（正反馈现象）。这种源于内在机理的自我调节也同"看不见的手"一样干扰着经济系统，我把它称为"第二只看不见的手"。

本人以为，两只"看不见的手"的观点更符合经济活动的规律，尤其要承认，正反馈导致经济系统过度扩张以至于走向泡沫破裂的局面几乎都是过度相信系统自我修复能力的结果。

桑顿从另一个角度就信用或金融货币政策的使用可能带来的经济扩张或萎缩提出了警告，他认为信用系统是不稳定、不可靠的。

亚当·斯密的"看不见的手"更加关注相对乐观的经济体系的自我调节和修复能力，桑顿则更加关注不乐观的经济现象，不论采取什么措施，人们都要清晰地认识到这种系统的基本特质，要更加注意这种系统的"内在不稳定"对经济运行的破坏力。他对经济运行中的（正）反馈机制可能强化不稳定性的观点持理性的态度，并且其观点与多年后维纳提出的控制论思想基本契合。

在凯恩斯倡导政府干预作为"看得见的手"被全球推崇

的时候，亚当·斯密的"看不见的手"的影响力就相形见绌了，当然桑顿所说的另一只"看不见的手"一直默默无闻。

忽视第二只"看不见的手"是经济学研究的一大误区。我们关注了政府失灵和市场失灵的问题，也充分考虑了外部因素的影响，但对经济系统的"原罪"，即系统自身的"内在不稳定"认识不足，而且这种"内在不稳定"有一定的破坏性，以及自我扩张、自我膨胀和自我繁殖变异的可能性。

2. 第三股力量——信息

供给与需求作为经济体系的基础要素，是市场交易的两端。由于形式上相对独立，很多学者把二者分割开来研究。关注供给侧或关注需求侧是相对的，但在经济学上不应该将双方对立起来讨论，因为那是没有意义的。无论你看得见还是看不见，它们的联系都如此紧密，简单地放在一起和分割开来都是错误的。

很多学者喜欢以算术逻辑讨论供给和需求，并且常常把供给的增减对需求的影响或需求的盛衰对供给的反馈当作研究经济运行的工具，在微观上得出物价的变动规律。但将这种微观经济学方法用在宏观经济研究中是不恰当的，因为没有关注其他因素的影响，比如市场的走势、政策的调整、经济预期等。

本书按照控制论的要求，提出了信息对于供求关系的作用机理问题，希望改变经济学家关于供求关系的传统思维方式。

我们在以控制论、系统论、信息论的观点看问题时，就会发现在供求之外有第三股力量：信息（见图1-1）。信息是媒介，是通信通道，是虚拟要素，也是预期、心理和市场趋势。读者可能一头雾水，是的，我不可能用简单的几句话把深奥的

"三论"讲清楚，我只想借用信息这个概念，把它植入经济学的供求理论。

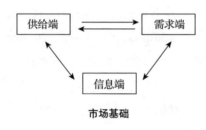

市场基础

图1-1 第三股力量

把一个非物质的概念放到传统的供求理论中显然有违正统。我并非试图改变供求关系在经济理论体系的地位，加入一个新元素"信息"是想把干扰市场交易的其他要素纳入市场研究。

"信息端"在经济市场中包含了市场趋势、政策预期、杠杆率、集合效应、交易偏好、交易机制、稳定性等因素。凡不在传统的供给与需求分析中，但有利于分析影响市场变动的因素都可以纳入"信息端"。这些游离在供求两端之外的要素的基本特点是包含虚拟要素、运行机制、衍生品及人的"活思想"。人本来是被纳入需求端参与分析的，但传统的供求分析中更加注重需求的数量、层级及有效需求等相对物化的因素，即使把人的需求作为考量，也是按"一人世界"而不是"众人世界"分析的。

实践中，我们看到的市场波动往往是由人导致的，而不是由供给与需求导致的。不同人群的交流和人群中处于"领袖"地位的人的引导会大大改变市场本来的轨迹，给相对稳定的市场供求关系增加了不稳定性（熵增）。

我国进入 21 世纪后，市场上绝大多数商品一直供过于求，但也曾发生类似大蒜的商品被个别人的预期推动而涨价的现象。这些商品的市场量价波动与供给和需求没有关系，是信息端在起作用。

人的干扰无疑是所有干扰因素中最为活跃的，但我们往往对此关注不够。人的因素尤其是"人群"的因素在市场中的作用是复杂的，因时、因地、因人而异，简单的分析方法可以说无解，往往需要考量更多参与要素。

而市场机制和信息"变异"问题是传统经济学市场分析的另一个短板。经济学大师亚当·斯密和哈耶克的著作都强调市场的自我调节和修复能力，认为应尊重市场规律，减少干扰等。但少有经济学家关注市场机制和信息"变异"的趋势，甚至很多学者回避市场信息有"混乱的基因"。信息论的研究结论是，信息"混沌"现象的影响力随着信息量的增加而愈发活跃，从而导致系统的熵增趋势愈发明显，这已经成为经济学研究的重要问题。

3. 熵增趋势的必然

信息论的创始人克劳德·香农提出了"信息熵"和"信息通道"，解释了传统经济学无法理解的系统性紊乱的内在机理。我们知道，信息在通信过程中必须克服干扰才能确保准确传递。在市场交易过程中，所有的交易和信息都会不断地受"人"的意愿调整，也会有各种干扰掺杂进来，包括看见的、听见的，甚至是想象的信息，还有不同人的思维、行为差异的影响。信息在计划—结果—反馈—调整等一连串、多层级的动态链中传递,再加上供给与供给之间、需求与需求之间、供给与需求之间相互干扰、相互作用、相互传导,经过不同人的理解和加工,主观的行为信息和被动的信息变异会再次升级,成为又一个更加复杂的信息端。

经过传导的信息已不是发出时的信息,不确定性越来越强,复杂性和动态性也越来越强,为此我们用"熵"来描述系统的混乱程度。

在供求关系之外提出"信息"这个概念,是在信息与不确定性、信息与熵、信息与混沌之间架起了桥梁,为解决经济学研究供求关系的单一性、片面性打开了新的视野。

"熵增"是无序的增加,而无序是市场的破坏力,如果不能够控制,无序会成为灾难,所以要引出"控制"这个概念。在控制论中,"控制"的定义是:为了"改善"某个或某些受控对象的功能或发展,需要获得并使用信息,以这种信息为基础影响该对象的变化,称为控制。它的逻辑是,控制的基础是信息,一切信息传递都是为了控制,任何控制都依赖信息反馈。

经济系统的波动一般都是从经济繁荣开始的。经济指标欣欣向荣的局面会把利好信息传递出去,让更多的力量积极参与进来,包括资金、政策、供给、需求及人们的消费意愿。均衡的市场交易被打乱、量价不能同步时,扩张的供给和需求之间的分歧就出现了,而后市场参与者的心态出现变化,市场中的声音、力量、趋势不协调,产生矛盾,这说明经济系统的熵增局面已经形成。

一般当萧条出现后,系统中"负责任"的积极力量就会实时开始作用,系统的自我修复力量及政府的干预力量会参与进来,继而出现熵减。经济系统将重新趋向另一个相对均衡的状态。

第四节
供给与需求的对弈

经济社会实践中,最关键的两个词就是"供给"和"需求"。有经济学家戏称,只要教会一只鹦鹉说"供给"与"需求",这个世界就会多一位经济学家。这说明供给与需求是经济学最基本的要素,也说明传统经济学对于供给和需求这两个概念是多么依赖。

供求关系自经济学研究市场初始就是一个永恒的主题。供给水平反映着一个国家的生产制造能力,是经济发展、科技进步、制造水平、劳动力水平的体现。需求则反映这个国家民众的经济收入、消费水平、消费偏好以及对未来的预期,还有金融工具的丰富程度。

供求关系的学术研究经历了三个阶段:第一阶段关注供求之间的平衡,将供给和需求确认为经济学理论的基石;第二阶段得出了供给引导需求、需求促进供给的结论,二者间有相互作用的关系;到了第三阶段,供求关系虽然重要,但已不仅仅是经济理论体系的支柱了,它是经济学理论大厦的钢筋骨架。

经济学理论的进步过程总是伴随着经济危机、经济萧条。虽然我们看到了供求关系在经济治理中的局限性,但供求关系的理论地位在经济学发展的进程中仍不可动摇,其仍然会在自我否定中创新。

在目前的经济学研究中,我们已能看到关于供求关系悖论的探讨,但存在没有厘清供求关系及经济系统运行的深层次作用的问题。

本节要探讨的就是这个问题。

一、信息颠覆的逻辑

供求关系对经济学的重要性不容置疑。在经济学史的描述中,供求关系解释了过去几百年来市场经济的基本现象,功莫大焉。现在看来,如果在复杂的经济关系中过分倚重供求关系来分析危机、扩张、萧条、膨胀等现象,就显得力有不逮了。单纯依靠供求关系的经济学研究在预测经济前景、观察经济现象、推断"黑天鹅""灰犀牛"时存在着严重的工具不足。

供求关系之间信息传递的影响被忽视是导致经济分析错误的主要原因。传统的供求关系的研究中也有信息的概念,但仅仅是指实用信息,或者说是看得见、感受得到的信息。

从控制论的角度看,首先我们要放弃对信息的简单信任,也就是不要轻易相信眼睛看到的信息。这是让供给与需求不再对立的第一步。

价格是信息,预期是信息,需求也是信息,多重信息汇集会形成新的信息,所有信息以各种方式交互作用还会形成更多的信息。深刻理解信息生成、演化的逻辑会改变我们在复杂的经济系统中进行的简单的经济学推论。

供求关系的主要纽带是价格。没有价格的供求关系是不存在的。所以，价格对于调整供求关系自然是不可或缺的，这一观点非常重要。

但往往被忽略的一个关键环节是市场价格信息的传递。没有正常传递的价格信息是无用的。但是，传统经济学把价格信息在传递过程中可能出现变异的事实基本忽略了。认为"信息"是静止的、真实的、物化的是传统经济学的基本观点。"眼见为实"是所有人的基本认知习惯。

依据控制论，信息在传递过程中会受到传播介质、传递效率、干扰、主观意识及知识体系等因素的影响，其中会出现一定程度的变异。

所以，我们在研究供求关系时应该注意"商品价格"和"商品的市场价格"之间的区别。这种区别是指个体与总体之间的区别，是由信息稀缺和信息传递过程的变异导致的。经济系统的变故大都是由信息传播中的变异导致的。

井然有序的信息网络离不开必然而准确的信息交换，任何信息交换都需要成本。首先，我们要保证信息被有效地传递给需求者，这就必须订立一种契约，让信息交换成为交易。其次，交易是需要成本的，要想保证信息传递过程不失真、理解不偏颇，就要有足够的知识和制度保障。

二、无意形成的价格

价格在市场中形成，向人们传达各种各样的信息，并激励所有人按照这些信息行事。市场价格在供给和需求双方的互动中形成。在交易过程中，价格是一个波动的要素，受多重因素干扰，最终的价格形成是受多方主导的。

在经济运行的常规状态下，价格在商品短缺的时候倾向于上涨，在商品过剩的时候倾向于下跌。市场会对输入信息（主导者意愿）和输出信息（对方意愿）的差异做出反应，在各种因素的干扰下，双方或者多方能通过妥协形成一个折中的交易价格。如果有第三方参与，可能改变常规交易逻辑，比如虽然供过于求，但有一种信息是今后需求会大幅增加，可能价格会被需求拉动而逆势上涨。这种把其他干扰因素纳入市场运行中进行分析的做法是符合社会实践的，这就是多要素参与及反馈机制在经济系统中的重要价值。

传统经济学描述的竞价过程一直要进行到短缺或过剩得到缓解为止，经济学家称之为"均衡价格"，也就是"出清价格"，此时没有过剩也没有短缺。这是一种理想化的静态逻辑。

市场出清是个体在逐利动机驱使下的自觉选择。它不需要政府或者他人帮助设计，是各参与方在交易过程中自然完成的。

所以，市场出清只不过是交易活动的无意后果，交易及价格信息也是市场运行中无意形成的。

三、供给耦合市场

在一个开放的市场环境中，市场可以传导价格体系的信息。人们会根据这些信息，发现他们的比较优势，使生产计划和市场需求相协调。供给与需求在一个相对广阔的空间里寻找平衡点，只要我们把"市场"（包括价格、供求、干扰及心理因素）这个广义的概念纳入到经济系统中，辅以控制论的信息、反馈、调节等工具，就能全面而动态地分析问题。

市场的自由程度和秩序同样重要，只强调其中一点的市场不会成为有效市场。与有效供给、有效需求一样，市场必须是有效市场。只有在有效市场中，交易才能实现，交易成本才能降低，交易规模才能扩大。

在有效市场中，信息是发达且传递通畅的，在物化领域制度是规范的，在非物化领域信息、价格、预期、交易人群、交易数量是充分的。符合人的自然属性的市场才是有效市场。

经济治理研究应该高度关注有效市场的建立和运营。无论是自由市场学派还是政府干预主义，都希望能够控制市场、引导市场。但我们应该站在宏观经济学的高度确立观察、分析、研究市场的方法论。

改变市场要从改变认识开始。只有供给实现了匹配和耦合，市场的经济功能才能实现。

四、需求的边际价值

人的需求是受基本思维和意识支配的，极端的学术推理无法研究现实世界的需求与供给。

学术界的共识是，需求的价值就是最重要的"边际价值"，大家也知道经济分析本质上就是边际分析。很多经济学家甚至用"边际主义"这个词来指代我们所说的经济学思维。

本书强调的稀缺性问题也适用于需求。经济运行过程中，需求也是一种"稀缺品"，虽然需求总是存在，但只有被满足了的需求才是不稀缺的。而需求的量与价格一般情况下是正相关的，需求量（不是需要）越大则价格越高。把不同的价格和人们在不同的价格条件下愿意购买的商品数量联系起来可以画出一条单调的曲线。经济学研究的不仅仅是这几个要素的关系，还有其他因素的干扰，尤其是心理、情绪、期望值等意识性的影响，届时这条定律就改变了：在一定条件下需求量越大则价格越低，出现了负相关，原因也很简单，因为"供给"这个要素在需求和价格博弈的过程中受到了影响，以更加积极的态度参与进来了，产能增加了，边际成本下降了，市场价格自然下降。另一个原因是竞争激烈，供给者的积极扩张推动了技术研发，技术进步可能驱使价格下行。当然还有另一种无奈之举就是为了生存或者为了占领市场而暂时承受亏损。

可见，经济学的供求关系之间存在着一条非常重要的纽带——价格。反过来，当需求和价格两个要素处于恰当状态时，第三者（供给）的干预会迅速改变它们之间的关系。这就是经济的控制系统，是处在反馈与调节的动态中的平衡工具。

五、金融杠杆助力

保罗·克鲁格曼在《萧条经济学的回归》中写道："对于世界而言，经济需求面的失灵，即私人消费不足以充分利用可用的生产能力，已经成为经济繁荣的明显的、近在眼前的制约因素。"

新古典经济学认为，原则上只要在失业发生时工资和物价迅速下降，总需求不足的问题很快就能在自我调节中得到解决，消费者会扩大消费，需求增加。而很多从需求入手解决萧条的药方在亚当·斯密理论体系中却是不足为信的，该体系有着刺激需求的灵丹妙药。把需求作为抓手的经济治理方式后来普遍成了政府干预市场的一种流行工具。

虽然大家普遍在反思凯恩斯理论给我们留下的问题，但现实却是残酷的。因为萧条、经济下行的局面是不可长期承受的。对于一些决策者而言，没有需求的市场好比巧妇难为无米之炊。在他们看来，没有需求是一个独立现象，为了增加需求，什么政策都能是他们桌面上的工具。供给问题、经济周期、技术进步、货币制度等要素都是次要的。唯有需求旺盛才能战胜经济危机。

现代经济学家们也广泛认同需求不是固定不变的，它随着经济条件、外界影响及消费心态发生变化。而金融手段的利用是改变人们需求的最有效方法，所有国家屡试不爽。

美国人在第二次世界大战后的几十年里的生活方式得以维持的重要原因不是工资和个人收入的增长，而是家庭财富结构的变化。那时，美国家庭和企业借贷增加。每个家庭拥有更多收入和财富的同时，也背负了更多的债务。

只要家庭愿意不断地借贷消费（主要是购买房屋），美国的就业形势就会不断好转。在经济增长及消费意愿强烈的利好驱使下，消费需求会更加旺盛。物价在需求的推动下逐步趋高，居民家庭债务负担相对于整体财富的比例缩小，一派繁荣。

这就是始于20世纪80年代的新的经济秩序，它是因"金融化"的手段而实现的。这个时候的主流经济学家也坚定地认为经济长期稳定增长不是问题。

因为在"金融化"手段下"需求"是可以创造出来的。

然而，大规模的政府负债和居民家庭负债很快引发了债务危机。欧债危机几乎击垮欧盟，美国的次贷危机拖累了世界经济及金融的发展，到现在还没有摆脱量化宽松的魔咒。

经济控制
不持观点的方法论

　　金融杠杆不是万能的，近几年很多国家尝试着改变经济治理策略，去杠杆、紧缩财政，实施供给侧改革。然而，彻底改变经济增长和发展模式，不仅仅要关注需求和供给这两个要素，还要把经济体系当成经济系统来对待。经济系统的增长应该被看成一个生物体的自动调节及控制，是一个庞大系统的协同工作过程。

　　目前的研究认为既不能简单放弃供给与需求，也不能完全另辟蹊径。供求双方是紧密联系的，简单化改变某个要素不可能有效解释经济困局。

　　控制论基于供求关系及金融杠杆等多种要素的分析已经有了一些突破，人们意识到传统经济学没有充分认识到经济系统是一个闭环系统，没有充分考量系统中其他要素的相互作用。

　　控制论尚未深入系统地应用于传统经济学研究，但一直不断地冲击由供求关系主导的经济增长理论。这是一种有益的尝试。

第二章
危机的路径依赖

第一节
危机秩序

研究经济危机必然从讨论经济泡沫开始,但危机的爆发与泡沫不一定存在强关联。有的危机来源于"黑天鹅""灰犀牛"等突发事件。但我们也会发现,非线性的经济规律背后,冥冥之中存在着一种看不见的秩序。

一、泡沫叩门

经济学研究的泡沫是指资产泡沫。资产泡沫分成三类:实体资产泡沫、衍生资产泡沫与货币资产泡沫。它们的形成机制不同,对实体经济的破坏和影响也不同。人们常谈到的是资产泡沫。衍生资产泡沫与货币资产泡沫都产生于全球化时代。

我国目前的资产泡沫主要是实体资产泡沫与货币资产泡沫的混合体。我们说的"经济泡沫"的概念指的是从宏观经济角度概括的资产泡沫和物价泡沫的趋势。

为什么泡沫有时不容易被刺破?这恐怕不是简单的逻辑能

够解释清楚的。我们要回到系统的经济学中去，研究泡沫的发生、发展及是否存在着泡沫破裂的风险。

二、孪生的繁荣和泡沫

经济学家查尔斯·P. 金德尔伯格在《新帕尔格雷夫经济学大辞典》中写道："泡沫可以不太严格地定义为：一种资产或一系列资产价格在一个连续过程中的急剧上涨，初始的价格上涨使人们产生价格会进一步上涨的预期，从而吸引新的买者——这些人一般是以买卖资产牟利的投机者，其实对资产的使用及其盈利能力并不感兴趣。在价格不断上涨后，常常发生预期的逆转和价格的暴跌，由此导致金融危机。"

金德尔伯格所说的泡沫表现为一种资产或一系列资产在一个连续的交易过程中不断涨价，价格严重背离价值。资产价格在上涨到难以承受的程度时必然暴跌，仿佛气泡破灭，经济开始由盛转衰。

这个定义对泡沫经济的特征描述得不够充分。泡沫经济包含，但不止包含各种商品泡沫。

各种商品在经济中的地位不同，泡沫的权重也不尽相同，在相互影响下，泡沫相互干扰，过程不同步，影响力也不一致。如果简单认为泡沫现象充满整个经济环境，权重和密度分布均匀，那就大错特错了。

泡沫有传染及外溢趋平的趋势，但那是一个长期的趋势，不一定是现实。大家看到真实的泡沫在一个过程中被趋平了，是泡沫被"融化"了还是泡沫水平被规模化放大了？我们以什么表征宏观经济中具有"绝对标高"的泡沫化程度？我查阅了大量资料，没有获得共识。

暂且按照金德尔伯格定义的泡沫经济特征分析泡沫问题。泡沫经济有三个特征：第一，商品供求严重失衡，供给量远远大于需求量；第二，投机交易气氛非常浓厚；第三，价格严重背离价值。

按照常识，泡沫不是什么好东西，经济泡沫往往是经济危机或经济萧条的前奏。但这是犯了简单化认识的学术错误。泡沫是经济运行过程中天然存在的，经济发展中不可能没有泡沫。一定规模的泡沫是经济发展的必然现象和催化剂。

面对经济泡沫，把控泡沫的发生和发展过程是经济治理的正确选择。要承认泡沫合理存在的必要性，要知晓经济泡沫的发展规律。

三、泡沫的辨识

把泡沫区分为好泡沫和坏泡沫有利于看清泡沫的作用。

判断任何商品是否存在泡沫，要看商品价格与价值是否出现了严重背离，市场价格是否在金融杠杆的撬动下严重脱离了实际购买能力，并可能危及经济的基本运行。商品泡沫不等同于市场泡沫，有一定权重的商品泡沫影响力较大，可能诱发市场泡沫，但完全的市场泡沫现象并不多见。17世纪，荷兰的郁金香市场经历过严重的泡沫事件；1923—1926年，美国佛罗里达房地产泡沫引发了华尔街股市大崩溃，并导致了20世纪30年代的全球经济大危机；1998年，日本也经历了房地产泡沫的破裂。这些泡沫的特征不尽相同。

常见的房地产泡沫满足泡沫经济的特征：商品供求严重失

衡，房屋需求量不足；投机交易气氛非常浓厚；房价有时虽然没有严重背离价值，但快速上涨反过来拉动了土地价格上涨，市场价格脱离了实际使用者的支撑。这种泡沫形式基本符合金德尔伯格的定义。有时经济发展开始恢复后，房地产的供给过剩会被快速消化。泡沫受到外界因素的干扰被消化了，没有形成更大规模的危机。

所以，泡沫的表现形式是多种多样的，有的泡沫是可以被消化的，有的只能破裂。任何产业中一定规模的泡沫都能起促进作用，经济运行中不能把所有的泡沫都消除掉。

四、泡沫测度

泡沫的规模与经济基础之比是一个可以观察的经济学指标。经济泡沫的计量和影响力在不同时期、不同经济结构下是不同的。宏观经济健康时，社会就业、居民的消费信心、投资意愿都是正向的，消化和对冲泡沫带来的危害的能力较强。举个例子，经济繁荣时，即使房价存在泡沫也能被承受，买房人并不觉得自己是泡沫的受害者，这就是预期的作用。这种行为可能会助推泡沫的扩大。政府如何应对泡沫不仅是一个技术性问题，还受行政思维的导向影响。

也就是说，宏观经济相对健康时，一定规模的泡沫未必会产生危害。经济治理没有对错，只有是否适宜。过度敏感、过度治理是经济治理观念的顽疾，它比泡沫问题本身更可怕。经济治理的"度"是经济学研究的重要课题，但目前的研究远远不够。

在庞大的 M2 和比较高的居民家庭债务杠杆的作用下，任何一种商品不出现泡沫都是不可能的，我们也承认泡沫可能产生危害。但是，我们没有清晰的泡沫测度方法和指标来评估什么是真正的泡沫，区分哪些是好泡沫，哪些是坏泡沫。

如果不能准确找到泡沫测度的指标，是否可以寻找泡沫的产生与货币的供给之间的联系，然后从货币供给量及货币通道上寻找控制泡沫的规模和发生条件的方法呢？

五、货币之水

许多问题的根源都在金融。但经济一出现问题就指责金融也是偏激的。没有金融之水就不会有经济的血脉，洪水之祸错不在水。

经济学有一个共识：泡沫是货币现象。一般情况下，货币资本在总量稳定的前提下，在实体与虚拟两个市场发生了重新配置，从实体部门大量外流的货币资本推高了金融市场的资产价格水平。有人说货币是万恶之源，可能就是站在这个角度说的。

前面讲过，我国的泡沫是货币资产泡沫和实物资产泡沫的混合体。泡沫作为整体经济运行的评估指标，是覆盖在整体经济运行之上的"云平面"。泡沫"云平面"之下山头林立，突兀不平。想搞清楚是几个山头支撑着"云平面"恐怕不可能。事实上，想说清楚经济泡沫的源头和起点是不现实的。我们想知道房地产、金融、股市泡沫的来龙去脉，甄别货币、政策、消费心理、投资、出口等关联因素是非常困难的。产业相互关联，互为因果，就像一个生命体血脉相通、脏器相连，你可以研究每一个脏器的问题，但也要看它们之间的影响，尤其是像

"泡沫"这样的"病",要从大处着眼,综合施治。

实践中,政策类经济学家总是使用微观经济学理论去定义、评估并推论泡沫的规模及危害。但如果拘泥于微观量化就会出现过度假设,而假设过度就颠覆了假设的前提。所以,我们看到的很多研究成果说的头头是道,但往往不符合实际情况。

无论如何鉴定经济泡沫的来源和特征,我们都能时时刻刻感受到泡沫的存在。

有些理论推崇亚当·斯密和哈耶克的自由市场机制,主张以市场的力量自我修复经济波动、抑制泡沫。但这些理论在危机面前显得有点无奈,"看不见的手"再好,都有点远水解不了近渴的意味。行政的力量直接而快速,所以在面临危机时,大家还是主要指望凯恩斯理论。然而,事情总是这样:解决了过去的问题,新的问题又会形成,历史总在循环往复中前进。

"看得见的手"操作的还是货币。

六、危机并不爆发

经济泡沫的破裂会导致经济危机,可能表现为通货膨胀或通货紧缩。相对通货膨胀而言,通货紧缩更容易导致经济危机。

对付通货紧缩的办法看上去很多,但真正对症的、具有建设性的办法却寥寥无几。这既受理论学派选择的影响,又受执政者政治利益考量的影响。

因此,我们还是要搞清楚什么带来了经济繁荣,又是什么导致了经济萧条。

回到2008年,很多国家均采取了救市政策,结果如何?

在这场发源于美国的金融危机中,美国政府和美联储迅速实施了量化宽松政策刺激经济复苏。经过一年左右,救市有所成效,但经济还是出现了长期低迷。到了2015年,美联储认为经济出现了通货膨胀的苗头,采取了9次加息措施。到了2018年,是加息还是降息,是防止通货膨胀还是防止通货紧缩的争论又甚嚣尘上。刚刚停下了加息的脚步,经济就开始萎缩。2019年的7月,美国当局又选择降息刺激经济。货币变成了天平上的砝码,不像是经济的血液了。

一次危机对经济和消费能力的伤害绝不是简单的政策调整可以抚平的。经济控制过程包括输入、调节、反馈、输出,存在着衰减和变异的可能,并非一调就灵。

在一段相当长的时间里,泡沫不会破裂,危机不会进一步恶化,这是现代经济的特点。除了政府"看得见的手"在调控外,不容置疑,市场基本要素在经济规律作用下以"看不见的手"调节着经济的运行。但两者之外,我们能否站在更加宏观的视角,用输入、调节、反馈等控制工具减轻经济要素的波动呢?

七、风险悄然来袭

危机中孕育着繁荣,繁荣中埋伏着危机。除了量化宽松的金融政策外,房地产繁荣导致的债务危机更加值得研究。

房地产的资产属性在全球范围内都是最高的。房产在西方国家居民家庭财富中占比40%~50%,在我国居民家庭财富中占比在70%以上。房地产的市场销售规模、价格波动都会严重影响银行资产结构和风险量级。事实上,多次金融危机背后都有房地产的市场波动。

由于房地产交易资金量巨大，它的一点点波动都会造成市场流动性的波动，干扰经济运行的常态，如果出现规模化的违约，几乎会导致金融危机。

债务是一把双刃剑，没有杠杆效应，就没有借贷市场，经济发展就会是老牛拉车。换句话说，经济发展必须基于一定规模的借贷。但是，任何一个企业或者家庭的负债规模必须控制在自身能够承受的范围之内。风险规模是否可控也是动态的且因人而异。按照正常经营水平设计的可控风险水平往往会因遭遇不可预计的事件而崩塌，当居民家庭债务成为大多数人的负担时，每个家庭的日常生活就会变得困难，形成一种社会舆情，从而严重拖累经济运行。

债务的产生和发展有一个基本规律，那就是与政策相关，并且关联程度远远高于其他经济关系。

当经济下行时，国家债务、企业债务、居民家庭债务都会出现兑付困难的局面，在个别债务出现刚性兑付时，暗示效应会迅速影响其他群体。个别借贷者的局部问题可能会演化成更大规模的社会性债务危机。这个时候，就需要国家的干预以抑制恐慌情绪的蔓延。

"看得见的手"对市场经济的干预也绝非手到擒来。房地产按揭贷款、金融信托、银行理财、P2P、网贷、比特币等业务模式纷至沓来，政策的调控和管理能力远远跟不上新业务的脚步，干预往往不能对症下药。于是，债务危机渐渐暴露出来，并一点点被借贷双方的保守心态放大，市场信心因此逐渐丧失。

债务的关键问题是负债规模及负债比例,居民家庭债务和企业债务一样,对市场状况高度敏感。当市场活跃的信息刺激了消费者,借贷消费便成了现代人提前享受生活的最佳捷径,但加杠杆的做法也使得很多人的抗风险能力大大下降。当市场趋于保守时流动性自然下降,债务链被人为收紧,无论负债规模是否足够大,危机都容易爆发。

八、慢进的危害

大规模的债务危机会引发国家的大力干预,例如大量发达国家在希腊国债危机爆发后对其展开了救济。

危机的快速爆发是一种"急症",对症下药可能很快好转。目前最难应对的是规模小、涉及面广的债务危机"慢性病"。危机一点点累积,积少成多,成了慢进的危机。

当我们发现进出商场的顾客少了、企业的投资意识弱了、市场上的钱难挣了,萧条就出现了。尽管还有一些经济指标比较好,比如GDP、CPI看上去还不错,但人们的感受是真实的,这就是萧条,一种慢进的萧条。

这种萧条的诱因往往是债务。绝大多数人面临的都是房地产债务。换句话说,导致市场出现萧条和危机的最可能的诱因是房地产债务。

房地产的繁荣期就是房地产债务危机的培育期。日本的房地产泡沫破裂后历时20多年修复就是一个典型的例子。

慢进的萧条引起的政府反应往往比较迟钝,治理调节的工具效力相对较弱,这是一般规律。信息反馈和信息识别的能力考验着政府的判断,对于经济学家而言,准确地发出警示是专业本分，但预测不准却是常有的事。当矛盾累积到一定程度的时候，危机爆发或进入萧条期后，市场不仅需要治理工具，还需要全社会积极的心理预期。

九、危与机的平行

经济危机和经济进步之间存在着一种令人震惊的平行。许多重大发明都出现在泡沫和金融危机时期。甚至可以认为，危机就是我们为进步支付的代价。

芝加哥大学教授、诺贝尔经济学奖得主罗伯特·卢卡斯提出，宏观经济学就是"大萧条"催生出来的一门学科。我非常同意这种说法，宏观经济学就是要分析和解决这些矛盾。

潜在的危机必然会爆发吗？这是杞人忧天吗？我们知道危机积累到一定程度一定会爆发，这是科学规律，只不过现在金融手段众多，可以把急症化解成慢性病，使人们的感受不那么明显，但危机产生的危害不一定小。

日本在20世纪70年代前后由于房地产投资、投机规模太大，导致房地产领域危机爆发，几乎诱发了一场金融危机。后来幸亏一场"及时雨"——通货膨胀及时爆发，局面才得以控制。通货膨胀抬高了整个社会的物价水平和流通性，掩盖了原来的矛盾，降低了那些投机商的债务的实际价值，过去借的大额的钱现在看起来也不太值钱了。从银行的角度来看，抵押物更值钱了，坏账变成了好账。一场房地产泡沫危机被拖延了，但绝对没有化解，以致十年后危机又冲击了整个社会。萧条如约而至，泡沫在破裂时带来了一场逐步恶化的经济萎靡。

经济增长的过程无不伴生着泡沫及危机。对风险的控制是除经济增长外最重要的课题。同生相伴的危与机,不是存不存在的问题,而是如何控制的问题。也许在研究经济增长的过程中,引入系统控制的理论和方法是解决风险控制的正确方向。

第二节
泡沫不可或缺

一、乐观繁殖

经济泡沫具有典型的重复性,经济学不应该寄希望于泡沫会最终消亡。

历史上资产价格大幅超过其基本价值的情况屡见不鲜,然而,对于是何种经济力量制造了这些泡沫,长期以来经济学家鲜有共识。近年来,很多观点将泡沫的源头认定为货币,这是不完整的。

泡沫总是发生在科技创新时期,由于新技术推动下的市场预期是正向积极的,人们会不自觉地高估资产的价值。积极的心态一定会高估价值而推动价格上升。这种描述正确地表达了泡沫的一种来源。

市场上总会存在着异质信念,也就是同时存在着乐观者和悲观者。而做多和做空一项资产的成本是不对称的。事实上,市场上乐观者的观点比悲观者的观点表达得更为充分。因为乐观的情绪会给出美好的愿景,人们也更愿意选择,所以一般情况下,市场价格上涨的概率就会大一些。

有人把这种情绪的影响称为理性泡沫,他们认为理性泡沫以资产价格的持续上涨为特征。投资者满足于以当前价格持有资产，因为他们相信，泡沫破灭的风险可以从预期的价格增长中获得补偿。市场上更多的人是乐观的，广泛唱多的结果有时就是预期的自我实现。

罗伯特·J.希勒在《非理性繁荣》中阐述："泡沫源于放大了诸多最初诱因的价格反馈机制。"泡沫的产生是有诱因的，随后市场价格信息不断被放大，反馈回去后又形成更多的乐观情绪，这就是系统的自我繁殖、自我膨胀。

在价格膨胀到达一定程度时，市场的其他力量开始显现，系统进入自我调节阶段，多种力量经过信息系统的"比较、权衡、震荡、调节"逐步归于平衡。泡沫的影响力被其他力量大大削弱了，但价格不一定能够回到原来的水平，往往会在一个新的高度稳定下来。

这种结果会让更多的人相信理性泡沫的预期。

通常观察泡沫的方法是观察某些指标的变化，看它是否严重偏离其历史正常水平。比如，股票要看市场上股价与收益的比率，即市盈率。美国20世纪90年代末期的纳斯达克的市盈率就严重偏离了历史正常值。美联储前主席艾伦·格林斯潘先生曾经认为美国经济已经迎来了一个"新范式"，在这种范式下，收益率将会继续提高。然而，最后的结果是股市泡沫破裂，股价大跌。

观察泡沫指标看似简单明了，但不同背景下适用的工具和算式也是不同的。历史数据非常重要，现实数据的可持续性及其与其他要素的关系也会影响评价结果。

所以，泡沫测度更宜选择动态的、系统的、宏观的评估方法，而不是一味地追求数学式的精准，因为那是不现实的。

二、发现泡沫

我们知道，资产若是具备三个基本特点，就可能产生泡沫：第一，资产价格泡沫伴随交易量的增长而产生；第二，资产价格泡沫的破灭对应资产供给的增加；第三，资产价格泡沫经常伴随着金融和技术创新。但这些关联是或然而非必然的。

乐观情绪下超出常规的交易量是导致资产价格超过基本价值的主要原因，也称为过量交易。在经济运行中，交易量是必须监控的重要指标，交易量的突然升高或降低都可能直接或间接地导致资产价格的大幅波动。这种现象在传统的基于供给与需求的经济理论中有过大量的讨论。

过量交易不会无缘无故地发生，市场的反应会有延迟，价格的回调过程会有滞后，会在一个中间价位停留，经过一段心理适应后形成新的价格平台。这就是市场从波动到平衡的自我调节过程。

往往会有很多因素干扰价格的波动，如供应量/需求量的变化、可替代品的价格波动、临时增加的出口订单、宽松的货币政策、消费愿望被激活等因素都可能干扰这种理想化的节奏，使得泡沫在多种因素的相互作用甚至变异的过程中涌现，导致价格水平过度偏离。

从历史的经验可知，过量交易是果，预期才是因。我们时刻不能轻视金融杠杆作为促进剂和放大器的影响及预期的作用。因为，正向的预期具有促进泡沫形成的力量，只要市场的预期足够积极，交易量自然就会进入上升通道。

金融杠杆也是在预期的作用下产生放大效应的，当市场交易量随之增加后，反过来又会加大对金融杠杆的需求。这是一种正反馈逻辑，是发散型调节，它的破坏力非常强大。

　　即使市场上没有泡沫预警，但只要货币宽松的信息外泄，就会让社会大众产生一种强大的信心，让交易量增加，加之人类的逐利动机及不理性本能的驱使，泡沫的产生就成了必然。

　　泡沫是经济学家们长期坚持研究的对象，人们尤其希望做到提前预警。然而，即使我们能够发现泡沫，也不能确定我们是否应该去阻止各种各样的泡沫。虽然大家可以确认信贷泡沫会导致灾难性的后果，但泡沫和科技创新的关系仍显示出某些泡沫或许会在经济增长中扮演积极的角色。

　　不好选择不等于不选择。而基于控制论的逻辑可以不做非此即彼的选择，只要检测的信息面足够广，设定控制目标值并不断调节、反馈、再调节，就能达到控制泡沫规模的目标。

三、杠杆的撬动

　　为什么泡沫会持续数年而不是几天或几个星期？人们会对经济的乐观前景形成乐观情绪，相信新的技术将促进经济转型，并且带来永恒的利润，而大家也都认为从新技术的产生到实现繁荣的过程非常漫长。在货币扩张的杠杆作用下，资金成本下降，更多的投资可以长期获利，这反过来又会激励更多泡沫的产生，直至一发不可收拾。

　　通俗的说法是：低利率给投资者挖了一个坑。

　　杠杆的作用和借贷的便利放大了泡沫，但泡沫何时破裂却是非常难以预测的。经济及金融市场的固有特性导致人们不能

第二章
危机的路径依赖

理性预判并把握事物的转折点,这是一个受所有参与者的情绪影响的动态反应。信息具有链式反应和横向扩展的特征,人们得到的信息往往是他们的自我推断,或者可以称为臆断,而不是完整而准确的信息。如果人们可以预测未来的转折点,投资者就会将操作的时间提前,但这个时候就会出现"路人效应",大部分人的操作自然会改变现在的局面,于是转折又变得无法预测了。

乐观的预测自然导致人们放大金融杠杆的作用而累积更多的风险。在悲观情绪下,投资者也可能反应过度,导致业务萎缩和投资损失。个体的损失是小事,但个体行为的连锁反应会造成规模化影响,加速转折点出现,甚至误伤整体。

产生泡沫的原因和推动泡沫"繁殖"的力量千千万万,但杠杆的撬动和放大作用对于泡沫的产生和推动的影响是最大的。所以,经济学家一直在关注杠杆的作用机制。

杠杆是把双刃剑。在2008年的金融危机中,一些国家加杠杆落下了极其糟糕的名声,这场危机就是过度加杠杆的冒险行为导致的。滑稽的是,这场危机快速结束的功臣还是金融杠杆。量化宽松的手段很快掩盖了金融危机的表象,但背后隐藏的实质问题怎么解决往往不在当时决策者的考量范围内。事实证明,不考虑长期利益的治理手段一定会导致长期的后遗症。

但危机来势汹汹的时候,哪一个经济治理者能够放弃快速见效的方法呢?

杠杆具有明显的放大效应,不同的经济态势下杠杆的"支点"位置不同,放大能力也不同。其中的关键是社会预期和金融杠杆的组合。预期的改变会大规模加剧经济的扩张或萎缩,金融政策的放大效应会影响经济运行,并超越具象要素的作用力。

四、信贷扩张的助推

美国经济学巨匠金德尔伯格所著的《疯狂、惊恐和崩溃:金融危机史》是有关经济学史的重要著作。他在对历史数据进行研究后得出了有说服力的结论。他认为资产价格的主要推动因素几乎总是信贷供给扩张,由此确立了"资产价格泡沫取决于信贷增长"的公理。

历史上,美国资产价格快速上升的时期主要有1997—2000年的互联网繁荣期,以及2002—2006年的房地产繁荣期。泡沫的产生都是金融政策扩张导致的,这些事件都以资产价格的大崩溃收场,并且事后人们才普遍称之为泡沫。

事实上,泡沫是否存在是一个从未有人解释清楚的问题。如果上述资产价格继续上升,但没有出现金融危机的局面,我们后来就不太容易证明当时资产泡沫的存在。看不到破裂的泡沫,还是泡沫吗?

泡沫是经济系统动态运行过程中的产物,不能静止地观察泡沫。本书一直强调我们应以动态的、系统的观点对泡沫的发生、发展加以分析。

对泡沫的认定不是简单地把资产价格与资产的基本价值进行比较,比基本价值更重要的是金融杠杆和衍生品,这不是本末倒置,因为金融和杠杆的作用可以改变传统物质化要素的影响。

事实上,资产的泡沫化经常伴随着债务的增加。也就是说，所有容许举债的经济活动都会助长泡沫的生成。

金融扩张会助长泡沫。丰富的、便利的金融杠杆和金融的衍生品让投资者产生一种乐观情绪，而乐观情绪能够让泡沫自我繁殖。

比如，一个城市有1000套房子，存在两种截然不同的投资者：乐观者和悲观者。悲观者认为房价应该在100万元/套，乐观者的心理价位可以上达130万元/套。这种差异的存在可以理解为不同人群的理性思维，是一种天然的看法差异，没有人是傻瓜。

市场价格变动的干扰因素首先是乐观者和悲观者之间的人数比例。这看上去是一种心态问题，是供求关系问题，但从动态的角度看应该是杠杆的支点位置问题。

如果没有贷款按揭，全部是现金交易，乐观者的人数可能占总人数的20%，只能按130万元的价格购买200套。剩余的800套有可能让悲观者以100万元的价格成交。这样的话市场上每套房屋的平均成交价格为106万元。

如果银行提供80%的按揭贷款，乐观者可以支付全款20%的现金，将资金购买力放大5倍，可以买1000套房屋，而不是原来的200套。此时市场的平均成交价格为每套130万元。

乐观者在债务的支撑下提升了自身的购买能力和愿望，而在债务的推动下，平均成交价从106万元迅速提高到130万元。此时的悲观者比例会大大下降，许多人会转变成乐观者。杠杆支点从20/80的位置转移了，扩大了乐观者到比例。

这就是典型的债务拉升房价现象。在金融杠杆的助推下房价形成了泡沫,与房屋实际价值的联系并不紧密。

债权人在房屋作为抵押物时的安全感是基于对房价波动幅度不会超过20%的预判。没有买房的悲观者们把资金存在银行,或者购买银行的各种债券,帮助银行采取更加积极、激进的银行贷款政策,推动购房人的乐观情绪。

债务除了助长泡沫以外,还会对市场预期产生积极的影响,帮助维持泡沫的存在时间。宽松的贷款条件会推动更多的人(包括悲观者)贷款买房。这种趋势会让更多的人以更高的价格购买房屋,从而导致房地产的规模越来越大。房地产繁荣的局面在债务推动以及购房人的预期共同作用下不断膨胀。

这是所谓的"债务中心论"。

另一种观点是"动物精神论"。我们知道,经济学研究越来越多地认可并高度关注人的心理和行为对经济过程的影响力,尤其是人天然拥有的"动物精神"的作用。居民家庭债务的扩张是"动物精神"驱使的结果,它们与经济基本面无关。人类的"动物精神"对决策和风险的形成具有决定性的作用。比如,消费者和金融机构在房地产价格出现上涨时,并不会理性地看待房地产泡沫的形成,金融机构对非理性消费导致的泡沫反应非常简单,只会根据房屋价格上涨产生的价值向边际借款人发放新的贷款,从而导致边际借款人的借款规模进一步扩大。这就是次贷的形成过程。

贷款人之所以会激进地推动按揭贷款,是因为他们系上了"安全带"。他们确信资金是安全的,即使房价下跌,基础抵押物也能够保护他们的债权,泡沫破裂也不会触及他们的根本。他们设计了丰富而复杂的金融票据和衍生品,以对冲贷款风险。已实现的利息收入以及让其他机构承担的债务可用于对冲可能的风险。

当然,金融系统普遍认为房价不会下跌超过 20%,自然不考虑房价暴跌的风险。这是一种"被忽略的风险",这也是金融业的"动物精神"的体现。

"债务中心论"与"动物精神论"的关键区别在于描述泡沫的因果关系方向不同。是信贷供应的初始扩张助长了房地产泡沫("债务中心论"),还是房地产产生了泡沫而信贷供应的扩张跟随其后("动物精神论")?这就是典型的鸡生蛋和蛋生鸡的问题。

以弗里德曼为代表的货币主义者认为只有货币才能控制经济过程的变化;而凯恩斯主义者则认为只有政府干预市场改变需求,才能改变经济增长的速度。两种观点的争论与"债务中心论"和"动物精神论"的视角不同,存在着不同时期、不同层面的局部性和片面性。我们应该学会扬弃,而不是简单继承某一学派。无论因果关系如何变化,货币的力量与政府干预一定共存,债务问题和"动物精神"的影响一定相生相伴。

五、杞人忧天

泡沫的产生和破裂是市场的基本趋势,这是经济规律使然。我们要承认经济运行中"建设"和"破坏"力量的共生现象。宏观经济学采用系统分析方法可以正确地从信息、反馈、调节、震荡等过程中推断出这种现象。

如果宏观经济学把市场看成是均衡的,那么一定会产生误导。回看过去几十年间的历次经济危机,所有这些危机在很大程度上都是由少数处于有利地位的"大玩家"利用经济系统中的漏洞酿成的。

从动态的角度看,经济系统永远对各种各样的现象持开放态度,包括可能出现的非正常经济行为、市场结构的突然变化等。承认这一点,才能把思维方式转向现实主义立场,才能够基于现实经济现象来选择符合控制经济需要的工具,以认识问题(信息监测)、修复系统(调节)及反馈形成的闭环系统实现对经济运行的有效控制。

经济衰退时,大家都在使用素来有效的老药方——凯恩斯理论的财政刺激政策。不过近几十年来,增加公共开支产生效果的速度太慢,投资效率低下,等到需求被拉动起来时,衰退已经结束了。

唯一能在短期内使经济恢复的因素可能是某种意想不到的新泡沫的出现,也就是用一个矛盾掩盖另一个矛盾。

《非理性繁荣》的作者罗伯特·J.希勒指出,资产泡沫是一种没有人操纵的、自然的"庞氏骗局",只要不断地有人加入进来,人们就会不断地赚钱,但加入的人的数量总是有限的,到了最后必然会全盘崩盘。

泡沫被人们认识往往是在金融灾难时期,平时,大家感受到的往往是繁荣。在经济学中,泡沫被一些人看成是必然的、永远膨胀的。也有一些观点认为经济一旦出现泡沫就麻烦了,经济危机就来临了。理性的学者一般有"负责任"的态度,总是认为只要把泡沫刺破,让其缓慢平息下去,就会实现"软着陆"。也有人不这么看,认为这种想法是一厢情愿的。他们更愿意把泡沫看成是脆弱不堪的、无足轻重的一种副产品或者是一种表面现象。美国经济学家詹姆斯·K.加尔布雷斯在《正常的终结》中旗帜鲜明地提出了对泡沫问题的"轻视"。他写道:"泡沫活动在水面之上,其下方是庞大的水体,一个泡沫破灭之后,水体仍然处于主体地位,一切又恢复了泡沫形成前的样子。如果我们对泡沫进行严格的分析,就会发现,泡沫破灭之后,世界不会变得更好,也不会变得更糟,跟没有泡沫时一模一样。"他认为"格林斯潘主义"很有道理。艾伦·格林斯潘认为,政府不应该试图预测、识别、预防或抑制泡沫,即便泡沫破灭并出现严重危机,事后收拾残局的成本也比较低,相比之下,为了刺破泡沫而采取的从紧的货币政策会提高失业率,减少投资,从而导致较高的成本。

第三节
经济衰退的逻辑

由 2008 年美国次贷危机引发的世界范围内的金融危机是 20 世纪 30 年代西方世界大萧条以来最严重的一场危机,这次经济衰退的起点是美国楼市的次贷危机,高潮是雷曼兄弟公司倒闭。

经济衰退过程中首先表现出来的是经济产出下降和居民就业率下降,这种现象被经济学界称为衰退。衰退与危机共生和共存,是危机的一种现实表现形式。萧条描绘的是一种趋势,时间跨度更长的趋势,它的本质还是衰退。

一、危机已经发生

十多年过去了，我们仍然挣扎在衰退的沼泽边缘。这些年，世界经济运行一直伴随衰退的阴影，各种问题起起伏伏，但从长期的趋势来看还处在萧条之中。

萧条对世界经济的影响的广度及深度已远远不同于几十年前，这个过程是系统的、动态的、具有自我繁殖和变异能力的，而不是单一的。按照经济控制论专家兰格的理论，我们应该"不依靠复杂且具体的数据就找到解决问题的方法"。这种方法论提倡采用更加宏观的视野，认为信息监测和反馈调节是可以控制大局的。

虽然我们没有完全陷落在大萧条的黑暗中，但危机四伏却是不争的事实。以过去近百年来对危机形成的实证研究得出的结论一定不能解释现在的问题，因为那个时代货币的规模及流动性不足，金本位制度的作用和国际贸易规则不同，基于现实的权威的危机理论还不健全。

历史的经验告诉我们，历史上改变萧条局面的最重要的路径是技术革命而不是货币。技术进步可以改变一切被公认为真理。然而，技术进步是一个长期投资和积累的过程，很多时候是偶发因素导致的。相比之下，货币政策立竿见影，是治理者钟爱的法器，也是他们无奈的选择。

在制度有利于经济发展的前提下，新技术才能充分发挥作用。我们不断强调新技术的重要性，是因为只有新技术带来新的增长点，才能驱动庞大经济体从困难中走出来。我们强调了制度要"有利于经济发展"，也就是说，取得技术进步的前提是建立有利于技术进步的制度。

供给学派相信只有生产的增长才是推动需求、创造需求的正途,是改变经济系统走出萧条的主要途径。货币的媒介和放大作用与新技术产业化相比较是起辅助作用的。这种认识看上去是符合现代经济学研究的思维方式的,也是被广泛支持的见解。然而,在残酷的危机来临时,所有的价值观都在悄悄地发生变化。在现实困境面前,理论之争显得微不足道。

对一种趋势的判断受制于人的文化价值观、政策的预见能力和民众性格。极具讽刺意味的是,这种逻辑好像与所有经济学门派紧密相连。

二、群体性共识的危害

每当经济增长放慢,经济学家的观点就会分裂。乐观者永远能找到乐观的理由,而悲观者自然会借题发挥,唱衰经济前景。有人认为老百姓的观点不应该列入经济研究的范畴,但这是一个误区。群体性共识在实践中会严重改变市场预期,改变政府的决策导向,产生规模效应。

事实上,历史上的真知灼见经常被广泛而错误的声音淹没。

成千上万的企业家误读了市场提供的价格信号,这些价格信号非但没有提供警示,让人们更好地协调生产和消费计划,反而导致了投资不良和协调不当。人们预期追求更多利润的投资却最终进入了亏损的通道。

"群众性意见"代表大多数人的见解。理性的方法是不应该简单地接受大多数人的意见作为正确意见,群众性意见只能代表这些人的价值观和心理需求，而不应该成为经济干预及政策的引导。

每一次危机的发生都是社会大众的乐观心态推动形成的。而在经济下行时，对政策的敏感度差异会导致政府治理手段的差异。容忍经济发展波动的空间成了政府应对经济治理敏感度的重要考虑因素，敏感度对策的重要性甚至超过其他所有对策。近百年来的历史表明对于敏感度并没有形成一种认知规律，而是取决于政府的困境约束。容忍市场波动的态度在很大程度上与政治问题紧密联系。

三、货币之惑

无论信仰什么流派，实践中货币政策的有效性是不容置疑的。"货币之惑"的规律已经形成，无法回避。货币宽松导致通货膨胀，货币紧缩导致萧条，通货膨胀和萧条的逻辑几乎离不开货币的这两个面。

宽松的货币政策降低了利率，产生了繁荣的预期，此时投资者选择投资而不是储蓄。生产规模增加，在廉价货币的推动下，经济活动预期产生较高的利润。在实践中，投资初期由于群体性的乐观心态，市场交易的活跃度往往能够创造更大的边际价值，市场繁荣就显现出来了。

一旦"人为"降低的利率不得不回调，人们会发现他们在特定时期对市场的判断是一种误读。投资者的行为走向会改变，从个体行为向群体意识推进。这种正反馈信息调节导致系统性要素过度反应，经济系统的调节功能就失灵了。

经济系统调节功能失灵是指经济系统的市场机制出了问

题,这是一种市场失灵的表现。从学术角度看到,没有观察、评估和输入市场信息、信心及预期的方法,客观的系统运行被简单化了,要素的反应过程没有被全面控制的局面就会形成。

当"繁荣"后显现出错误信息时,"萧条"就开始了。这是一种理论的表述,但在实践中,一般是看不到实质性进程的,因为空气中弥漫着货币的浓雾,暂时遮蔽了人们的眼睛。

"货币之惑"与"货币之祸"仅仅相距一个说辞。毋庸置疑,货币是经济政策工具箱中最为重要的利器,但却不是无所不能的法器。货币政策的通俗化和群体性意见一样是不可取的。

四、点燃危机

在探讨经济大衰退时,一个重要的研究对象是2000—2007年美国的家庭债务急剧上升,七年间家庭债务总量翻了一番,达到14万亿美元,并且家庭债务与家庭收入之比从1.4攀升到了2.1。

金融机构引入分期付款方式严重地改变了美国居民家庭的消费习惯。所以,20世纪20年代是消费信贷历史的转折点。在20世纪20年代美国大萧条阶段,用于购买房屋、汽车、家具的抵押贷款和分期付款的比例都出现过大幅增长,其中城市住房抵押贷款增长了2倍。

21世纪初的十年中,信贷膨胀幅度非常巨大,专家们的共识是:我们这个时代的繁荣很大一部分建立在债务膨胀之上。

经济灾难发生时，家庭债务会自动显现出来，占比大幅攀升，同时伴随着居民支出的大幅下降。这是符合行为科学逻辑的。阿蒂夫·迈恩和阿米尔·苏非合著的《房债》中谈道：2010年，鲁文·格里克对经合组织（OECD）的16个成员在大衰退期间的情况所做的研究显示，1997—2007年，家庭债务增加最多的国家恰恰是那些在2008—2009年间居民支出下降最多的国家。经济下滑前的家庭债务增长与大衰退期间的消费减少存在着很强的相关性。按照这样一个观点似乎可以得出结论，家庭债务增长是预测家庭支出下降很好的指标。

这个指标简单明了，在实践中也容易检测。但是，家庭债务与经济衰退的严重程度的关系要复杂得多。大衰退期间不仅仅是居民家庭债务的指标出现了问题，还有更多的经济运行指标恶化。这个时候，家庭债务的地位和权重就显得弱了很多。

第二次世界大战后，世界经历过五次银行业的危机：西班牙银行危机、挪威银行危机、芬兰银行危机、瑞典银行危机和日本银行危机。这些危机都由资产价格崩溃引起，最终导致银行业损失惨重。五个国家在经济衰退之前都出现了房地产价格的大幅上涨和大规模经常性的账户赤字。这不是巧合。

西方经济史研究认为，银行业危机导致的经济衰退比其他因素诱发的经济衰退要严重得多。这个结论是实证研究的结果，没有经济学逻辑支持。所以，我的观点是不能按此推断形成经济学结论和定律。多重因素之间的联系有强有弱，并且它们相互作用、相互促进。我们不能一概而论，因为任何相关因素都可能成为改变衰退程度的动力。

五、点石成金术

经济史学有一个基本观点:经济衰退归因于经济增长预期的变化。我们知道,业已形成的经济历史的发展方向上只有经济增长,没有经济增长是不可想象的。一个不容挑战的理论底线是经济必须增长,衰退是不能容忍的负面状态。

经济在增长过程中出现波动的最主要表现是对经济增长预期的变化。一种预期的形成往往是漫长的,并有其内在的逻辑性。如果我们总是把"黑天鹅""灰犀牛""蝴蝶效应"看成是导致经济衰退的原因,那就会流于表面。这些现象仅仅是危机中的"中间件",是偶发的事件。真正的内在原因是隐藏在背后的经济发展逻辑。

在经济学研究中,因为经济发展涉及的要素及干扰太多,也缺乏真正的统一而权威的指标体系,所以传统经济学方法论很难解释经济衰退的原因、过程及参与要素,也不能提前预判和控制这些要素。

是的,没有控制论的信息监测、调节和反馈机制,经济学研究必然出现迟钝,并且使人产生困惑。

六、动物精神

经济波动受人类的非理性行为和"动物精神"影响。人类的"动物精神"导致了经济现象更多的不确定性。有充分的证据表明不仅个人存在不理性的问题,政府也存在同样的问题。

故而,经济学的完整的方法论不应排斥"动物精神"之类的心理因素。理性和"动物精神"是共存的，并不排斥。

将理性与非理性隔绝和对立起来，阻碍了人们对经济现象不断深入的研究。其实，经济学家在应对突发事件时往往就不能完全理性地给出建议。

我们承认个人的不理性、政府的不理性，甚至经济学家的不理性。还有一个不理性的主体就是金融系统，所以，很多专家认定银行业的问题是经济危机的导火索。大规模量化宽松及金融衍生品的泛滥助长了居民家庭债务的非理性扩张，诱发了经济危机。然而，银行业有另一种观点认为信贷流动停滞才是导致金融危机的主要原因。这种观点认为，债务增加并不是问题，问题是我们阻止了债务的流动。这种观点也是美国前总统乔治·W.布什在金融危机来临时鼓励银行放贷的政策依据。

经济衰退的原因究竟是什么呢？在对所有导致经济危机的研究中，我们不应该站在危机发生地观察，更不应该站在有利地形"侃侃而谈"。我们应该站在历史的高度，以社会经济系统为研究对象，观察和甄别参与及干扰经济运行的所有要素的运动轨迹。传统经济学缺乏动态的、系统的、利用反馈调节经济的理念和手段。

七、经济衰退的演进

经济衰退表现出的现象是客观的，但表现出的时机却是随机的。

很多经济衰退开始时经济系统不是没有迹象，只是很多人的感受无法形成理论预测，也就是现象出现了，但并没有被重视。经典经济学工具箱中缺乏监测、调节、反馈的工具，只能

第二章
危机的路径依赖

依靠传统的经济统计数据分析。过去有很多学者意识到经济出现了衰退，但统计数据并未提示这种衰退。统计方法本身没有充分考虑经济指标的滞后效应。一般出现明显变化需要一至两个季度，有时趋势在形成，但没有比较激烈的表现，而这种趋势性衰退的危害更隐蔽、更长久。

当大衰退的标志性事件出现时（比如雷曼兄弟公司破产），普罗大众恍然大悟，有些人会感觉自己冥冥之中是有预感的。这当然是事后诸葛亮了。

这时，大多数投资者首先采取的应急措施是减少投资和消费，自觉保护自身的财富。如此形成的群体行为反过来加剧了经济衰退的强度且加快了经济衰退的速度。这种自我强化的力量是可怕的。

经济衰退的初期往往给人以萧条的感受，然后出现住宅消费收敛和非住宅投资萎缩，之后出现消费投资下滑，最终，致命的影响是企业投资停滞。企业投资出现问题是拖累 GDP 增长的罪魁祸首。负面信息积累到一定程度的时候，就可能被小小的火星引爆。

传统经济理论普遍认为：导致经济衰退的原因是债务。这是有道理的，但这种逻辑正确的分析方法容易误导经济学。是的，债务问题会引发经济问题，而且债务的大部分作用是强化危机，这也是经济危机的根本性隐患。但我们首先要知道引发每一次萧条和经济危机的原因不能都简单地归于"债务"。有的专家更倾向于"自然踩踏"的逻辑：连锁反应强化了某种不确定性，并把本身不一定严重的事态扩大化了。但只停留在这里还不够，事物的复杂性远不止于此。

经济控制
不持观点的方法论

经济衰退的表现与人们对债务的感受之间的紧密程度是随着不同消费者的经济能力的不同而有所差异的。对债务敏感的人群当然是低净值人群。在住房市场的消费者中，高净值人群与低净值人群的杠杆率差异非常大，对债务的敏感性差异更大。由于低净值人群数量巨大，敏感程度高，属于"易感"人群，房地产泡沫一旦被他们广泛关注就会成为经济事件的导火索。

对于高净值人群而言，房地产价格波动的影响程度不高，他们一般不会在价格波动时因恐慌而抛售房地产。我们在研究债务对经济的危害时，应该区别高净值人群和低净值人群的不同反应。

高净值人群在应对萧条时相对从容。2000—2002年，美国互联网科技泡沫破裂后，美国家庭金融财产平均损失5万美元，这些损失大多是股票市场价格下跌导致的，但美国居民的家庭支出没有发生多大变化。实际上在2000—2005年，美国家庭支出还增加了5%。尽管互联网科技泡沫的破灭也造成了美国家庭财富损失巨大，但规模化持有科技股票者集中在高净值的富裕家庭，他们的反应并不剧烈。

而在2007—2009年的大衰退期间，美国家庭支出下降了8%，因为这次危机是由住房市场的次贷诱发的，而房地产次贷的主要对象是低净值人群。

经济一旦陷入衰退，受传统经济学影响的政府总是用老办法复兴经济，实施一轮货币扩张，比如美国在1981—1982年、1990—1991年和2001年的三次经济衰退中就是用这种办法解决的。

解决办法很简单，就是印刷足够多的钞票，让人们持续消费，这样经济体就能充分利用其产能来维持 GDP 和就业。人们努力爬过了一座山，但这座山的前面不是海阔天空，而是另一座钞票堆积起来的山。

第四节
债务之塔

债务的积累能推动经济繁荣，也能导致大萧条。

一、危机才是规则

德国人丹尼尔·施泰尔特在《走出低迷》中提出：2008年的危机并非一场普通的危机，也并非"金融危机"，而是由我们越来越依赖廉价债务的经济体系接近崩溃导致的。世界经济就像一个毒瘾患者，需要越来越多的廉价资金。假如债务不再增长，一切都将崩溃。

债务可以分类成两种：生产性债务和非生产性债务。生产者借贷用来生产，然后将其部分收入用来偿还其借贷的资本，并按约支付利息。这种债务称为生产性债务。

非生产性债务是指借贷者希望用借来的钱购买资产以求升值。这类资产可能是字画、黄金和不动产。绝大多数投资者选择的资产是不动产。

非生产性债务份额越大，个人或金融系统的系统性风险就越强。在房地产繁荣时期，非生产性债务的增长是迅猛的，主要的贡献来自房地产按揭贷款。

中国的住房贷款基本没有零首付的次贷，所以，在2008年金融危机爆发时，中国房贷风险的影响就小得多，住房按揭贷款的不良率没有太大变化。

虽然账面上都是居民家庭债务，但中国经济发展处于高速增长阶段，通货膨胀助推的资产价格上升有利于规避债务风险，从而降低了风险发生的概率。

无论中国房地产是否存在规模意义的泡沫，由房地产市场形成的居民家庭债务规模却处在结构性风险区，与经济内在规律存在着不相容的现实。我们知道民众的消费结构和财富结构不丰富，过度依赖不动产投资，会导致居民财富增长对经济波动高度敏感，更易诱发居民家庭债务危机的爆发。

我们关注居民家庭债务规模、占比，解释资产增值与债务关系，引导规避经济波动导致的家庭财富危机。

尽管经济人相对理性，但在进行经济分析时，认可人的非理性特征是有利于经济分析的全面性的。当我们研究居民家庭负债增加时，我们会发现购房人的思维都是积极的、理想化的，包括中低收入人群的表现。在这种乐观的驱使下，周全的投资、收益、支出计划是完美的，是符合思维逻辑的，对未来的社会经济形势的判断是积极的、正向的，但结果往往适得其反。认定人的理性与否，不仅仅看消费者的态度和决策过程，还要看认知事物的能力和学识水平。一个理性人应有充分预留市场环境变动空间和预判"黑天鹅"事件的能力，并留有可供调整的资金储备，还要能抵抗潮流性诱惑，保持头脑清醒。

经济学关注群体性思维。居民家庭债务的总体规模就是由一大群不一定理性的人承担着。这个群体性的庞大债务由群体思维控制着,他们之间的相互影响和反馈是影响群体行为的因子。

研究危机必关注债务,更要研究群体性债务的堆积效应,即债务之塔。

二、危机的来源

20世纪末,美国经济处在高速发展阶段,时任美联储主席艾伦·格林斯潘把控货币政策的能力受到广泛好评。在2001年美国遭遇恐怖袭击后,美联储再次调低利率刺激经济,民众的消费热情高涨,房地产的次贷规模迅速扩大,可能出现的危机及经济衰退被强势"逼退",随之美国经济指标上升,失业率下降,股市、楼市呈现一片繁荣景象。

然而,美国的货币发动机严重超负荷运作,货币超发的危害逐步侵蚀了经济机体,并产生更大规模的次贷。作为媒介的房屋贷款和衍生工具催生出复杂的逻辑,导致人为编造的交易凭证和金融市场游戏出现。这种态势不仅让一般投资人搞不清楚,连华尔街的精英们也一头雾水。

金融宽松和衍生品泛滥,刺激了美国低收入家庭的提前消费和过度负债,居民家庭支出严重依赖金融杠杆,提前透支自身经济能力以满足更高标准的生活水平。国家宏观金融政策制定的背景是为了刺激经济快速增长,家庭负债扩张是副产品。

经济生活的活跃程度一般可以表现在居民家庭负债规模的扩张上。大规模增加负债往往是政策的主动逻辑,同时收到经济快速增长的短期回报。但理想化的没有债务扩张的经济运行是不现实的，换句话说，经济增长的历史也是债务增长的过程，尽管我们都希望借助科技进步来促进经济增长。负债规模扩大的背后一定是银行借贷的扩张，贷款利率低下，信贷标准宽松，在这种金融氛围中，借贷双方的风险意识都会趋向淡漠。2008年之前的美国达到了这个条件的极限，危机自然形成，次贷引发危机，债务之塔到了倒塌的边缘。

国内外的经验告诉我们，必须关注居民家庭负债规模和比例问题，因为居民家庭的非理性及群体效应更易造成高负债泛滥，弱势群体的抗风险能力不足，在经济环境不利的条件下极易助推风险的恶化。经济学界就债务危机对居民家庭和国家经济的破坏力已达成共识，所以在政策层面控制财政赤字、抑制发债及修复经济增长造血机能是不同国家治理经济的共同追求。

我们知道次贷和量化宽松的货币政策是诱发经济危机的幕后因素，从需求端看，由于居民家庭提前消费导致的债务扩大被动地成了危机和风险量化的指标。由于居民家庭房地产债务及高档品消费贷的消费行为相对随性，具有明显的非专业、非理性特征，居民家庭抗风险的能力就比企业要弱得多。

然而，一个刺激消费的政策性悖论不应被忽视。经济学推崇的"拉动内需""刺激消费"等治理工具必然基于金融杠杆，鼓励居民借贷消费。这种金融助力工具的使用者往往是中低收入人群而非中高收入人群。政策推动形成错位消费，当债务规模影响正常生活时，风险暴露，违约概率大增，债务诱发危机。经济史研究发现诱发风险的不完全是债务规模本身，可能是群体内部负面信息的反馈及群体意识的形成。信息强化意识的危害程度不亚于债务本身，这是经济学研究存在的一个盲区。本书就关注家庭债务状况在群体中的传导、变异、反馈及群体效应强化的破坏力进行了初步的探讨。

当一个国家的 M2 与 GDP 的比例关系越过安全线后，并发症就会显现出来，当经济发展和民众收入水平跟不上负债规模时，违约、刚性兑付就成了洪水猛兽。家庭破产、企业破产、金融业危机四伏时，金融危机或已爆发。居民家庭债务及收入水平和 M2 与 GDP 的关联，金融杠杆、利率及消费情绪等之间的关系是复杂的计算系统，控制论把债务链条形成的经济活动看作庞大系统中的子系统，每个子系统都有其自身运行的逻辑，各个子系统间又相互影响，只有基于系统化的监测和反馈，经济风险才能及时表现出来。

在关注债务的发生、发展和影响力时，我们必须全面考量其背后的社会经济层面和经济治理逻辑，更要充分理解各种要素之间的相互干扰、反馈及信息传导和变异的规律，这是研究经济学崭新的窗口。

三、慢进的萧条

未来的债务危机可能与以往不尽相同，其不一定是大爆炸式的危机，而是慢慢呈现的。更加紧缩的债务风险的后果会更加严重。我国经济学家韦森教授在《中国经济增长的真实逻辑》一书中同样表达了这种观点。

2008 年金融危机后，经济政策制定时的可能选择是紧缩，然而，往往另一种声音更加符合执政者的口味，那就是扩大债务规模。美国实施更加激进的量化宽松政策给市场注水。增加基础建设投资后，刺激内需的举措很快见效了，但国家和居民家庭的债务却远远高出了2007年的水平。

当我们以为度过了危机时，我们很快发现只不过是拖延了危机爆发的时间。

一种新常态下的经济发展模式正在呈现，GDP规模越来越大，技术进步乏力，增长速度减缓，经济下行的局面成了社会广泛关注的焦点。虽然经济学界普遍承认经济增长的下行存在着一定的合理性，但人们担心下行长期持续的话，会触及国民经济运行的命门。就业率、财政收入就不能持续增长，继而投资收益率及投资流动性出现下滑，经济就会出现衰退。所以在这种态势下，我国的专家们正不断研究经济下行会不会让国家步入"中等收入陷阱"等问题。

这不是危言耸听。过去几十年没有跨过"中等收入陷阱"的国家比比皆是，中国处在经济发展的关键时期，这种问题是不可回避的。

对增长进行的系统研究不应停留在数量增长的概念上，增长问题包括增长速度、增长方式、增长是否属于良性以及诸要素在系统中同步增长和异步增长等问题。我们知道，回到经济高速增长时代是既不可能也是不应该选择的方式，过去粗放式的、资源型推动的增长方式已成为历史，依赖房地产带动经济发展的模式客观上也不可持续，尤其是以债务扩张为代价的发展模式都不是好的选择。

经济增长的正途是生产效率的提高，其支撑唯有技术进步和制度创新。

两难的选择经常摆在我们面前。当经济发展动力不足，下行趋势形成时,由于技术进步更需要时间和空间,当大家意识到创新型改变迫在眉睫的时候,可能已经步入困局了。

过去靠增加居民家庭债务带动的经济发展,随着债务规模的增加,其新增债务边际效用越来越小。当新增债务大部分用来偿还原有债务的利息时,债务人的负债能力已经被榨干,经济下行趋势会快速呈现。事实上,实证研究发现改变经济运行轨迹的因素主要就是居民家庭债务问题的爆发。

企业和居民的借贷涉及投资和消费。只有量化宽松的金融资产和经济刺激政策才能推动货币流动性提高,银行才能积极放贷。随后居民的消费欲望因金融政策的鼓励而提升,人类的非理性行为或经济学家所说的"动物精神"会放大这种投资消费的冲动。在居民消费结构中,贷款买房是不二选择,如果金融政策是低利率、低首付,对借贷者的收入和资产审核的门槛宽松,那么更多的中低收入人群就会入场,次贷就会规模化形成。

民间借贷为银行输送着赖以生存的利息。长期保持低利率自然可以维持它们的平衡关系,但通货膨胀出现后政府会推动银行加息以抑制通货膨胀,导致借贷者的负担增加。如果国家收紧银根,银行会控制放贷或提前收回贷款,借贷者的流动性风险会提高。如果国家基本建设投资扩大,会吸附民间资金跟随,固化民间流动性。如果出口萎缩,生产企业的运行就会减缓,正常周转会困难。以上这些都可能改变原来的平稳状态。尽管这些问题的暴露是缓慢而温和的,但趋势却是必然的。在这种环境下,只要宏观债务水平处于高位,风险就会放大,危机就可能被引发。

危机的"风头"一现，债务的"雨"就会噼里啪啦地下。逻辑推理和历史经验都证明债务问题是经济危机的核心问题，而房地产债务是经济危机最主要的爆发点。危机意识是我们进行经济分析的驱动力，债务是进行分析的核心问题。过去不太明显的、慢进的、潜藏的风险使扭转衰退局面的难度加大，如果我们能够及时发现慢进的危机，就一定有利于控制经济发展态势，而观察、分析慢进的危机不仅仅需要大数据技术，更需要改变系统的信息监测及反馈方法。

实证研究证明，第二次世界大战后的几十年来，大大小小的危机长期伴随着我们。大危机更多地是由一些小的诱因经长期缓慢累积导致的。监测慢进的经济要素的变动是传统研究的短板，对经济运行过程中信息的采集、传导、变异及对信息反馈形成叠加是改造经济学观察、评估经济趋势的一种方法。

四、杠杆无解

金融危机是家庭和企业信贷增长过快导致的结果，这个观点已被社会广泛接受。增长的贷款和好转的经济状况会推动资产价格的上升，在利率下降的同时，债券行情也会看涨，出现"债务繁荣"时期，从而反过来刺激人们贷款的欲望。由于资产快速增值，人们只要通过贷款投资就能轻易发财，这便是杠杆的魔力。

风险危机的主要诱发因素是居民家庭的金融加杠杆，此处讨论的杠杆问题是指居民投资、消费过程中资产价格上升形成的杠杆放大能力及危害。在居民家庭负债达到一定规模时，其抗风险能力与债务规模成反比，与风险意识、判断能力及信息反馈强关联。这种易受非物质化因素干扰的投资群体在经济困难时期的表现往往是激进的、脆弱的,易产生推波助澜的效应。

房地产、股市、期货等市场是加杠杆的主要平台。居民家庭负债中房地产负债的比例最高,无论中国还是欧美国家都是如此。房价只涨不跌是几十年来投资者对房地产业的印象,多数人对此深信不疑。尽管一些唱衰房地产的学者在十几年前喋喋不休,预言房价会"腰斩",但这些专家的支持者现在只能扼腕叹息。股市同样离不开杠杆的作用,当股市出现牛市迹象时,融资融券、场外配资、个人融资借贷纷纷使出所有能耐在资本市场上加杠杆。

资产投资加杠杆是天经地义的经济逻辑,投机性投资的杠杆率往往更高,否则这种投资的意义就大打折扣了。

投资者的愿望是资产价格处在上升通道。金融杠杆作为投资的放大器只会在符合投资预期时使用,所以投资者对市场的预判就成为关键因素。理论上投资的选择是有前提的,但实践中,更多的是过程中的追踪选择,并且所有的投资都是基于市场前景乐观做出的决策。绝大多数的投资行为与加杠杆之间都存在着必然联系,投资成功时金融杠杆放大了投资效率,投资失败时则放大了负债规模。

一般常识是资产价格在杠杆的撬动下开始上升,这是正常的投资逻辑。但当经济系统被其他因素,如预期转向、过度泡沫、负面信息反馈等干扰时,投资者群体的意识混乱,市场秩序随之紊乱,资产价格可能出现下跌,这种情况下资产价格并不顾及金融杠杆的作用,而是被群体意识的力量改变了走势。

传统理论认为,物价变化受供求关系的影响。在经济环境相对封闭时期，供不应求，可能会推动资产价格上升，然而在全球经济一体化背景下，金融杠杆让这种关系变得复杂，杠杆可能快速推动资产价格上升，也可能导致价格崩盘。因为，金融杠杆的"操作者"也是经济系统的干扰因素。实践中发现，起关键性作用的往往是那些非物质化因素，而不是简单的供求关系和金融杠杆的作用。但把金融杠杆纳入供求关系的研究中有利于解释货币供给量对资产价格变动的影响。

如果研究没有把预期、信息、市场情绪、系统紊乱等非物质化因素纳入经济系统，研究方法本身就是不完善的。因为，经济系统的复杂性已不能只以经济基本要素来研究了，经济系统的"神经系统"是庞大而复杂的，控制论的方法给出了理解这种复杂关系的路线图，给出了一些经济治理的哲学思维。

杠杆的作用不可小觑，金融杠杆之外还有"信息杠杆""情绪杠杆""群体杠杆"等非物质化因素。这可以很好地解释经济、金融的调控政策经常失效的原因，在各种情绪杠杆的干扰下，政策的效力往往被扭曲，能否改变市场走向变得越来越不确定了。无论是加杠杆还是降杠杆，市场可能会在恐慌情绪的左右下逆行，这种观察杠杆的视角是基于对非物质化因素的解读，是基于控制论才能较好使用的一种方法。

我们讨论的加杠杆一般指居民家庭投资借助金融工具的操作行为。由于受众广泛，居民投资者非理性、不专业的特征比企业经营者更为突出，所以在研究杠杆问题的时候，我们不得不强调人的非理性行为和"动物精神"的影响力。我们知道风险来临时，恐慌情绪往往会扩大危机造成的伤害，金融杠杆成了洪水泛滥的工具。资产的价格可能被非理性的力量砸出深坑,危机自然被引爆。

我们可以想象人们投资的不动产价格不断下跌,手里的贷款还没有还清,在买涨不买跌的普遍心态下,交易变现能力会大大下降,此时广大消费者的负面情绪远远超出了市场萧条带来的危害,在反馈环路的作用下,市场的消极情绪更加强烈,投资者停止继续投资,居民的旅游、购物消费减少,市场流动性自然会降低。

居民选择通过增加储蓄和变现资产来降低自身的债务水平是一种萎缩性策略,被广泛使用。不花钱、少花钱的行为传导至更多的人,负面信息加杠杆,导致群体效应,抑制消费情绪,结果导致经济增速更低。担心的通货紧缩出现后,又会进一步加重债务人摆脱债务的压力。因为,债务人想卖掉资产还债不易,低价出售导致财富缩水,偿债能力自然折损。经统计发现,债务危机发生时,被规模化处置的资产主要是居民家庭所投资的房屋。

在西方国家,投资工具相对比较丰富,包括债券、信托、股票、艺术品、贵金属及不动产等,投资品选择分散,风险也相对分散。投资的目的各不相同,有的是为了保值或长期收藏,有的是为了长线投资,都对行情波动的敏感性较弱。这种理财观念的不同和投资品类的丰富性,让市场更具稳定性。个别投资项目加杠杆在危机来临时会被分散的投资对冲风险,有利于市场稳定性阻尼的建立。

杠杆和债务紧密相连。居民家庭债务水平处在低位时,经济萧条并不会让他们出卖房屋以清偿债务,而债务水平处于高位时,触发的去杠杆现象就会多种多样。

美国和欧洲的债务危机引发的金融危机就是典型的例子。对债务进行放大的工具是金融杠杆，没有债务和没有杠杆都是不现实的，杠杆助力收益的能力和杠杆的破坏力是一体两面的。杠杆的非物质化因素的作用机理和危害被研究者长期忽视。

虚拟化的、具有意识特征的杠杆让讨论易趋向辩证，但我们还需对其内容的描述、定义、机理进行深入研究。使用监测、反馈及推理或许有益于分析这类干扰因素的作用。

五、危机不是例外

理论的真谛应该警示人们在繁荣泡沫中狂欢时需要理性和谨慎，因为危机无处不在。

中国改革开放以来，尽管没有形成长期高失业率和大规模债务违约的局面，但20世纪80年代中后期的通货膨胀也持续了较长时间，直到20世纪90年代中期被遏制，宏观经济调整经历了痛苦的过程。中国加入世界贸易组织后，经济进入高速增长阶段，形成了第一轮经济高速增长局面，可视为将正向干扰因素引入经济体产生的积极影响。21世纪初，中国经济步入了十年高速发展黄金期，但出现经济波动的可能性仍时刻伴随经济发展过程。

经济高速发展一定会积累大量需要消化的问题，尤其是投资规模巨大、投资效率低下的经济体，在适当时会充分暴露经济发展的扭曲现象。投资过热、债务增长过快、社会发展不平衡等社会矛盾积累一段时间之后便成了抑制经济发展的能量。

2008年，美国次贷危机的效应快速传导到了中国，很快，市场感受到了危机爆发前的恐惧。在银行自我保护意识的推动下,顺周期调控使得市场资金更加紧张,居民的消费意愿下降,市场活动明显萎缩。

更为麻烦的通货紧缩局面出现了,这是政府和学者都没有预料到的。昨天还在打压房地产及金融扩张,抑制通货膨胀,今天就要与通货紧缩做斗争了。危机的来临虽然有着直接的诱因,但经济规律的作用表现明显。我国经济经历了十年繁荣期,累积的副产品就是可能的经济风险。

长期积累一定会迎来危机爆发的窗口期。比如,投资效率低下导致资本效率下降,银行报表频频触及风险,依靠宽松货币政策的企业所遇到的困难在紧缩局面下日益突出。M2与GDP、CPI与居民收入水平、采购经理人指数(PMI)与工业企业盈利能力之间的矛盾在默默积累,这些风险积累的过程是符合规律的,也是经济学研究中不可或缺的素材。传统经济发展趋势的研究模型更多地依据固化的指标和模式,对外部环境变动的适应性严重不足,不能动态、系统、可监测、有反馈地进行研究的结果往往是微观结论太"近视",宏观观察太"盲视",必然出现对经济危机在初期的发生、发展过程"视而不见",放任自流。

经济增长方式的大幅调整会诱发经济危机,每次解释经济风险时的视角鲜明地反映着主流经济学界的水准。各种各样的观点基于目的、门派相互攻讦,争论不休,但很难形成统一的经济学见解。

解决长期累积的经济矛盾,舒缓紧绷的经济困局,调整靠债务支撑创造的繁荣,修复个人、企业和银行的资产负债表等问题是经济学的系统工程,也是检验经济学理论的试金石。不

经济控制
不持观点的方法论

容回避的事实是：在面对危机时，一些经济学理论的准确性和及时性有失水准。经济问题积累得越久，政策的干预能力就越弱，治理行为变异的可能性就越大，所以经济活动要求经济学家具有足够的超前性和预见能力，这也是经济学引发社会批评的主要原因。

传统经济学依靠数据、模型和具象的数理统计方法分析宏观经济，由于数据采集能力不足、模型和方法僵化，这种研究大概率会产生只见树木不见森林的效果。控制论对经济学的贡献在于关注市场信息的采集、监测和反馈的动态验证逻辑，提供了一种思路和方法，以动态、系统的观念理解经济要素的互动、干扰、异化过程，从逻辑上推理、从趋势上预判、从大局上分析，这套方案有利于看到趋势，可能会改变不完整、静态的经济见解。

危机的表现形式随着经济趋势的复杂化而呈现多样化。债务、流动性、通货膨胀、通货紧缩、信贷、汇率等都可能是风险源，而其中债务引发危机的频率会越来越高。当债务风险发生时，流动性下降必然先行，社会资金面紧张导致矛盾多发。降低债务负担可以缓解由流动性紧张造成的债务违约的概率。债务人普遍的做法是通过出卖资产或减少消费减轻负担。这样的做法形成群体性行动的速度是超乎想象的快。这种群体性行动会导致经济快速倒退，居民家庭债务占比反而增加。这是经济运行过程中极易出现的现象。

当国家级的债务风险暴露时，国家就要进行强势干预，这是凯恩斯理论盛行的原因之一。比如2008年后西班牙、葡萄牙、爱尔兰、希腊发生债务危机时，它们均增加赤字来弥补社会流动性，同时采取货币贬值、增加出口、增加投资等手段以缓解通货紧缩的速度，抑制物价下跌。我们知道这些举措既是强心针，也是慢性毒药。

从微观经济学的角度来看，增加投资就是增加债务，一边是债务，另一边就是资产，这就是资产负债表的精妙所在。但我们不应把两边看成等式而没有把投资效率置于其中。增加债务就像给摇摇欲坠的房子浇混凝土，使其稳固，结果是成功的，资产价值也增加了，但投资的成本无处回收。虽然当前避免了债务之塔的倒塌，但投资收益水平却不断下降。

危机还有别的来源。以控制论观之，经济系统中发生的任何现象都可能是由多重要素、复杂机制在多维空间中形成的，不能理解成个别的、无关联的因素的结果。经济学所描述的要素不应该被理解成孤立的要素形态，这样会被误读为具象的个体要素。相反，宜把系统中的经济元素理解为经过耦合变异的要素组群，如此，才易于经济学观察危机的真实来源。

提前并准确确认危机的临界点是控制危机的关键，细分要素的作用机理可能有益于微观经济学的解剖，但容易把危机的宏观预测方法微观化。经济学的实用价值在危机后被格外重视，但从控制论的观点来看，宏观经济学更需要一定的超前性、高度及纯学术化，这与实用主义并不对立。

理论优化的过程更依赖新的工具、观点和手段，这是传统经济学成长的基本脉络。控制论给出了对输入端和输出端进行监测、比较，以闭环逻辑追溯经济问题的发生与发展过程的方法，使人们无须过多依靠对具体要素的理解，而是基于监测结果及过程寻找调节的工具，实现经济控制的目的。

第三章
非理性随机游走

第一节
非理性因子

经典的经济学一直存在着"人是理性的"这个假设。自由市场经济学派的大师们坚持人的理性能够控制自己的决策这一观点,包括著名经济学家哈耶克和亚当·斯密等均坚持这种观点。而凯恩斯的观点则认为人是非理性的,存在着"动物精神",故而需要政府的行政手段干预,两种观点截然相悖。

凯恩斯写道:"人们的非理性占据上风——他们彻底害怕了,并且会猜测今后的趋势。他们不会尝试在价格的底部买进,因为每当他们认为应该触底时,市场却总是无情地把这个底部击穿。就在你认为全部稳定因素应该能够起作用的时候,市场仍然无情地把这个底部击穿。"的确如此,如此反复的行为过程给出的警示让更多的人倾向于反应过度,这种心理反应模式在一定程度上抑制了人们开展商业活动。推导下去,可能会出现的是商品价格持续下降,储蓄规模和利率可能出现相互交叉作用,不一定同步或相反。凯恩斯认为,这个时候能够确

第三章
非理性随机游走

定的现象可能是流动性陷阱,这是一种新的、可怕的,却又是稳定的均衡状态。

理性思维与非理性思维不是彼此冲突的,可能是同一个思维过程的两种表现。在一些限制性条件的约束和引导下,人可能偏向一边,表现为理性或非理性。割裂开讨论人是否理性是没有意义的。

也就是说,人是否理性不是绝对的,或轻或重、或多或少均反映在同一个人或同一个组织身上。

一、理性是一种理想

理性与非理性不是个人的固有特征。市场处在繁荣时期,在乐观情绪的作用下,理性者可能发出警示,但往往其声音是微弱的,即使是真知灼见,也易被市场忽视。

我们承认,理性的思维方式在经济生活领域越来越处于主导地位。但无论是什么人,处在繁荣时期,会趋向非理性;而处在困难时期,会趋向理性。经济学研究中有一个基本共识是非理性与理性并不对立,更不是一个事物的两面。但所有人都自认为是理性的,这种可怕的想法与生俱来,它反映了人的行为科学和思维能力。非理性是所有人在特定情景模式下的一种本能,受知识结构和思维方式的影响更多一些。

理性是人类自我完善的追求,是理想化的状态。理性决策是一个复杂的科学体系,它需要人们从思维和学术的理论高度抑制自己的非理性冲动。但非理性的作用力却极具破坏力,因此非理性行为在经济学中备受关注,但经济学仍缺乏评估、鉴别以及发现并控制非理性行为发生的理论框架。

二、发现偶然因素

如前所述,非理性的破坏力一点也不亚于"蓄谋已久"的反向操作,我们经历过的经济波动大部分与非理性的政策和行为有关。蓄谋的过程是信息不断积累、意识不断强化的反馈过程,不同人的蓄谋存在着相互干扰而不同步的现象。无论经济人的群体意识是否理性,群体行为都集合了大量的个体算计。人类的经济活动不会自觉地齐步走,但大众的思维信息和模糊化的群体意识在外界环境的约束下不断积累着,简单的信息被不同文化背景的人收集,生成不同的认识,一旦遇到出口就会形成结论:一旦形成群体积累,偶发因素就会成为引爆点。信息在传播、反馈的过程中,虽然没有爆炸,却在系统中孕育着风险。

故而,米塞斯先生得出了刺耳的观点——终结繁荣的往往是偶然因素。

米塞斯理论的"偶然因素"不同于古典经济学的"经济人假设"。米塞斯认为,除了认定人们应该如何、人类社会应该如何之外,还应该"像物理学家研究自然规律那样去研究人的行动和社会合作的规律"。他认为,古典经济学思想长期局限于纯粹的经济领域,假设经济人是理性的,这种理性意味着人在任何时候都是自私的和逐利的,把自我利益最大化当成人类行为的最终目的。

米塞斯在《人的行动》中描述过,人的价值是主观的,也是多元的。它基于人的等级偏好(序数的),而不是数量偏好(基数的)。根据主观价值论,当一个人做出一个决定或者

第三章
非理性随机游走

行动的时候，就意味着他会把行动的目的放在第一位，而其他的目标位列其次。这种"人的行动"学虽然脱胎于古典经济学，在解释人的理性问题上强调人的行动过程，比简单地假设经济人是理性的更近了一步，但还是一种假设。

米塞斯并没有把"理性经济人"这一命题推翻，更没有试图改进。事实上，理性是所有人的追求，是理想化的目标。理论上明确人的理性和经济人的理性是不同的概念，我们承认很多人在经验、知识和思维逻辑上也许能做到理性，就像很多大师们的理论境界那样，但他们作为经济人的时候就像换了一个人，投资时的冒险性与普通人无异。

比如，美国著名的经济学家费雪已经理性地预见了1929年股市泡沫的破灭，但是还是买入了自认为便宜的股票，结果几天内损失了几百万美元。

经济人的理性思维不等于人的理性行为。也就是说，行为理性与否不能和主观价值观联系在一起讨论，那是逻辑错位。理性与否是研究的一种维度，偶然因素是游离在理性与非理性行为之外的一种因子，无论理性与否都可能引发偶然因素的破坏，使负面信息和力量作用于经济运行的全过程。所以，我们研究经济活动以偶然因素的作用为关注点，是比关于人理性与否的争论更有价值的。

如此思维有利于更早一点发现"偶然因素"的发生和发展的逻辑。

三、非理性悬崖

我们所看到的非理性往往是结果，是人类秉性的写照。对决策而言，一个重要的决定因素却是我们的"冲动"，也就是凯恩斯所说人的"浮躁情绪"。他同时认为这种冲动和浮躁是驱动经济交易的重要因素，深刻改变着诸如房地产市场、股票市场的波动节奏。

凯恩斯在《就业、利息和货币通论》中提到，即使我们能够远离投机活动所导致的市场波动，那些由人性的本质特征所引起的市场不稳定性仍然存在。他所说的人性就是非理性的情绪。事实上，积极的经济活动大部分源于自发的乐观主义精神，而不是理性的计算。

凯恩斯认为，人类在自发的自我激励下基于"收益和风险平衡"采取行动。我们认为凯恩斯对于人的"动物精神"的判断和评价是准确的，是富有建设性的。然而，凯恩斯的非理性在自己的理论中却暴露无遗，他在认定市场的"动物精神"时，"忘记"了政府干预市场时是否是理性的，是否也具有"动物精神"。或者凯恩斯为了实现理论上的逻辑自洽而有意回避了政府是否是理性的问题。

对于非理性，一味地认定它是贬义词也有失偏颇。既然我们承认非理性是人类"动物精神"的一种客观存在和体现，那就要尊重它、合理控制它的作用力。

我们应该把自己放在"理性"的位置上，以"非理性"的警钟提醒自己再行思考经济现象，如此得出的结论才可能更加准确而有建设性。当然，实践中没有这么简单的修正方法，因为经济分析和决策的逻辑必须形成信息反馈机制才能自动调节行为过程。这种思维方法必须借助控制论的手段和逻辑。

我们承认非理性驱动市场发展的正反馈作用是存在的，尤

第三章
非理性随机游走

其是在投机可能性大的房地产、股票、期货市场上。广泛的投资者看似做出了基于"利益和风险平衡"的理性判断，但结果是他们更加倾向于逐利性的风险偏好，这是人类的天然属性。所以，这种行为在经济发展中形成了正反馈，刺激诸如房地产、股票、期货及大宗商品投资者跃跃欲试，经济的车轮才会滚滚向前。纯粹理性的无风险决策后果是经济的停滞，反而是罕有的现象。

我们接受"货币是改变经济的唯一要素"的观点，通货膨胀的过程也是经济发展的路径。投资者在房地产、股票等领域投资并得到积极回报，房地产价格上涨、房屋租金上升、股票价格上涨后，投资者可以获利抛售。这个时候泡沫的警示对于投资者们往往是"耳旁风"，没有被刺破的泡沫可能会成为投资者再次投资的助力。这也是非理性的魅力所在。

非理性对于创新、创业功莫大焉。没有看似拥有疯狂投资精神的人们的创新，历史的进步便不会那么快。非理性的成功和失败背后存在着一些让人敬畏的东西。这个时候的非理性缺乏的不是抑制，而是一种对冲风险的保险能力，以适当鼓励一些非理性行为，合理抑制负面效应。

非理性不是个别人和组织的问题，也不是一个绝对的坏现象。从控制论的角度看，非理性的载体和源头是信息，这种认识非理性问题的方法是抛开虚幻定义，从可以监测、控制的层面入手。市场信息的正反馈过程是推动经济发展的有效动力，信息反馈过度是导致非理性产生的重要契机。过度的正反馈刺激积极情绪，导致经济膨胀，但当非理性的影响"越界"时，市场的负反馈调节机制一定会发挥作用，抑制"积极"能量的膨胀。

我们在学术研究中秉持理性且谨慎的态度，但必须时刻从理论高度关注人的非理性思维和行为，尤其在学术上，不能把研究者的观点与研究者的行为混为一谈。悬崖成就了河流的奔腾，没有悬崖的山河是不完美的。然而，人站在非理性的悬崖边不应该一味忘情地欣赏波澜壮阔。

第二节
动物精神驱动

经济并不完全以古典经济学描绘的轨迹发展，亚当·斯密认为"看不见的手"会控制经济人的行动，只要有利益冲动，"看得见的手"就会参与到交易中。而凯恩斯在这个问题上的表述则相对温和而平衡。他认为人类的大部分经济活动源自理性的经济动机，但也有许多经济行为受到"动物精神"的支配。凯恩斯的观点认为人的经济动机是理性的，但当人作为经济人的时候，一旦参与经济活动，不理性的成分就会骤增，让原本理性的脑袋"充血"。

人类行为有一些非经济因素的动机，在追求经济利益时并不总是理性的，这就是人类的"动物精神"。众所周知，人的"动物精神"是导致经济发生波动的主要原因，所以，"动物精神"理论成了凯恩斯解释大萧条的核心观点。这种认识在一定程度上让"动物精神"成为经济学研究历程中一个重要基石。

第三章
非理性随机游走

人的"动物精神"伴随人的思维和行为全过程，如果回避了那些重大经济事件背后的心理因素，我们永远不可能真正弄清楚它们的发生、发展和结果。经济学界对此不以为然者比比皆是，有些学者更愿意相信技术因素及政府行为驱动了经济波动，如此从经济学的基础理论上就忽略了"动物精神"的干扰，不愿意以反馈的逻辑去验证所持的观点。

人是一种高级动物，撇开人的情绪、动机、态度的秉性而钻进微观经济理论中讨论具体问题本身是进入了误区，经济学离开人性的本质会游离成学术化的游戏。

一、信心的张扬

对人而言，"动物精神"在信心中不可或缺。经济学家对"信心"这个词语有着特别的解释，定义了有信心和缺乏信心的两种"均衡状态"。这个解释有利于让人理解信心是动态的、非稳定的，不是绝对的，这种看法也符合控制论的观点。用控制论解释时，信心只是对"预测"的后果的本能反应。这种对信心与预测的关系的理解可以丰富宏观经济学研究人的行为的路径。对乐观前景的预测对应于充足的信心，反之则对应于信心不足。事实上，普遍的乐观情绪会促进形成有信心的预测，而普遍的悲观情绪则会促进形成缺乏信心的预测。所以，当不同人群对前景的预测结论不同时，其行为反应也不尽相同。

也就是说，预测是建立在乐观情绪或悲观情绪基础上的行为。这样理解问题可以帮我们了解情绪对于预测的重要性和作用，强调情绪问题远远超出了预测本身的地位。只要人们的预

经济控制
不持观点的方法论

测是乐观的，他们的投资冲动就会不断产生，不断扩张。当人们的预测是不乐观的时候，人们的信心消散，负面情绪自然会超越理性而导致过度反应，这是从另一个视角看人类的"动物精神"的表现。这是经济治理可以把控的重要抓手，即控制预测，符合控制论解释经济系统运行的动态反馈强化或弱化信息的机制，解释了反馈可能产生系统震荡效应是由人的心理因素导致的。

"信心"这个词在行为科学中指那些不能用理性决策涵盖的行为。可以这样理解，信心往往是与非理性联系在一起的。我们知道，信心与预测是紧密联系在一起的，预测本身的客观性可能受信心的反馈的影响，两者的关系是不稳定的，会相互干扰。在宏观经济运行过程中，人的"动物精神"存在并表现在信心和预测的基础上。经济史充满了信心满满和信心消退的循环。

凯恩斯理论关于"动物精神"的观点，强调人们在重大投资决策时必须依靠的是信心，这与传统经济学强调人们的理性体现在基于"优势、概率和结果"的决策不同。强调信心可能显得更加激进而唯心，强调程序化选择则看似相对"理性"一些。然而，两者对于"动物精神"都是认可的。

信心的作用过程有明显的乘数效应。乘数是系统运行过程中信息正反馈的必然结果，这个概念在凯恩斯经济学理论中占有重要地位。但从控制论的角度分析，我们可以更加全面地理解乘数的作用：信心一点点萎缩，导致消费支出意愿减弱，而消费萎缩反馈到经济系统中形成负反馈，进一步抑制消费，市场的旺盛度也会降低，继而冲击经济运行。而信心乘数的反馈表现要强烈得多，信心的变化会导致市场萎缩和收入的变化，在信息反馈的助推下，每一次变化都会进一步放大影响，形成自反馈体系。

大多数经济学家并不喜欢心理反馈的概念。有人认为，这个概念违背了正统的"理性经济人"的核心观念。还有人认为，心理反馈过程是不能量化计量的，一些学者试图量化反馈效应，将其融入宏观经济模型以完善传统经济学的做法是徒劳的。

宏观经济学面临选择障碍，表现为不能量化的就要被抛弃，这有点把宏观经济学变成微观经济学分支的感觉。这种现状成了经济学发展的阻碍，摒弃传统观点并从哲学层面加以突破是宏观经济学改变现状的出路。

二、盲目地飞行

2008年美国雷曼兄弟公司的破产预示了金融危机。在金融体系面临崩溃时，人们很快发现其背后的现象：被大规模雪藏在错误产品定价中的债务；无管制的"影子银行系统"；被隐藏的金融精英们设计完美的"票据游戏"；等等。

危机水闸的开启，让我们发现看似完美的学术路径、设计严谨的进化逻辑等统统缺乏前瞻性，人们只有在危机来临时才能发现问题。但我们本该笃信学者的理性是超胜普通人的。

自由市场主义者相信"市场会修正自己"，这是典型的"无摩擦"资本主义理论的自信，这种观点在经济学逻辑上自相矛盾，在实践中盲目乐观，正迈向崩溃的边缘。

人们又懵懂地看到，经济危机过去多年后，经济运行体系好像又被拉回到了相对稳定的状态。英国经济学家保罗·梅森在《新经济的逻辑》中描述道:"美国通过运行相当于GDP的100%的政府债务,投放了高达全世界总面值六分之一的钞票。美国、欧洲和日本犹如注射了肾上腺激素,妄图通过这些措施抵消危机的影响,用埋葬坏账来拯救银行。一些坏账被注销,一些坏账被假定为主权债务,还有一些被埋入实体经济,借助中央银行的担保躲过一劫。"

当经济局面日趋平缓时,政府就要实施紧缩政策,为之前的货币扩张"买单"。慢慢地,这种紧缩会作用在所有人的身上。这种影响一般是长期的,甚至需要等到下一次技术革命或工业革命带来的高收益发展来抹平。

2008年的经济危机已过去多年,但人们仍没有找到经济发展的替代模式,全球性的债务规模仍在增加。债务的快速增长是经济政策的后果,而经济政策的背后自然是经济学理论。疯狂的经济政策是"动物精神"的一种表现形式,尽管所有国家的政策都是不得已的选择。

《新经济的逻辑》中引用了一个幽默的笑话,说一个金融专家给同事发信息说:"希望当这幢纸牌屋摇晃抖动时,我们都已经是富人了,而且已经退休。"

这不是幽默。这就是人的"动物精神"的精髓。

三、贪婪的快乐

凯恩斯曾经把货币称为"现在和未来的联系",他的理论以利用货币政策调节宏观经济见长,但几十年来应对经济波动的政府干预政策已被证明不是灵丹妙药。如此,经济学的理论就有点尴尬了,经济学的两个阵营——哈耶克的自由市场经济

第三章
非理性随机游走

理论和凯恩斯的政府干预理论面临同样的窘境。经济学是否踏进了死胡同？这是一个必须回答的问题。怀疑一切和坚信某种理论一样肤浅。我们从另一个角度来看，只要更加关注"人的动物精神"的作用再理解哈耶克的自由市场经济理论和凯恩斯的政府干预理论，是会有收益的。

应对危机的实证研究表明，金融精英们在危机爆发后能做的就是在轮盘赌桌上投入更多的筹码。找到筹码对于他们来说不是问题，因为他们本身就是赌场的收银员。这看上去是多么滑稽！但从另一个角度来看，基于"动物精神"特征，贪婪自然是商人的秉性，精英们的快乐表现出一种"冲动"，这种冲动具有很强的破坏力，也有推动经济发展和进步的作用。

一些西方经济学家认为经济危机的罪魁祸首是亚洲人过度储蓄，并通过全球金融体系借给那些不存款的美国人，导致了西方世界的金融游戏。当然，他们其实明白西方人过度借贷来提前消费的习惯，是屡屡触发次贷危机的根源。

经济学家在反思的时候，经常指责银行资本的过度廉价以及经济增长的不平衡问题，对"长期的经济停滞"又讳莫如深。在格林斯潘领导美联储的十几年里，每一次经济衰退时，美联储的对策都是降息，结果总是在单向赌博。美联储的态度始终是"政府将印钞"，绝不容许经济持续衰退和通货紧缩。格林斯潘曾经说过："在一个纸质货币的体系中，下了决心的政府可以随时生成更高的支出，因此可以有积极的通货膨胀。"

没有增长的经济是人们不能承受的，在无法选择的空间中，私人逐利的贪婪和政府促进经济增长的贪婪遵循一样的规律，没有理论的突破和治理工具的精准，确保经济增长只能进行"两害相权取其轻"的选择。是否可以这样理解：所谓贪婪，更多的是一种理论的无奈、选择的无奈。

四、救赎或肇事

在20世纪30年代的大萧条时期，凯恩斯首先指出了市场失灵的可能性，并给出了应对之方——"政府增加开支，创造有效需求"，这被称为一场经济学理论"革命"。但开始时，这个应对之方的市场认可程度并不高，直到第二次世界大战爆发，美国开始研究凯恩斯的主张，大规模的政府开支才具备了政策条件。

凯恩斯理论的关键是"人的动物精神"假设，认为个体经济行为是非理性的。然而，后来凯恩斯主义者沿袭了"动物精神"的传统，指责"新自由主义"是金融风暴的始作俑者。1998年互联网泡沫破灭之后，具有"人类精神"的美联储发挥了中流砥柱的作用，从2001年开始执行了宽松的货币政策，大幅偏离货币政策的"泰勒法则"，将联邦基准利率降到第二次世界大战后的最低水平达两年之久。低利率造成流动性泛滥，资产泡沫特别是房地产泡沫急剧膨胀。这种以超常规的市场干预挽狂澜于既倒，避免了金融体系的崩溃，也避免了大萧条的重演。

当格林斯潘意识到泡沫的时候，美联储于2004年进入了加息周期，贷款利率随着基准利率节节升高，于2006年达到了8.25%。高利率增加了贷款偿还成本，最为脆弱的次贷按揭市场首先拉响了警报，逾期和违约率的上升引发了债券价格下跌，盛宴结束了。房价下跌导致作为抵押品的房屋价格下

第三章
非理性随机游走

跌，触发更多的次级贷款违约。

经济学一直有一种观点把利率与资金需求的联系看成强关联。但在20世纪30年代后期，在极低的利率水平下，所谓的流动性陷阱出现了，其表现为货币需求与利率的弹性非常大。所以，我们在实践中会发现，利率变动并不会以系统性方式显著影响货币需求。货币需求（即投资）在很大程度上是由"动物精神"控制的，而不是基于对资金成本的理性计算。这个时候的"动物精神"与投资者的市场预期存在强联系。我们发现，在预期比较负面时，利率再低也不会让投资者产生扩张投资的欲望。

这种现象在逻辑上越来越没有规律，同时显示经济学很多定律的逻辑越来越趋向复杂化，通过实证研究经济现象得出的理论可能失灵。控制论认为经济系统中各种要素在多维空间中相互干扰、影响和变异，系统的输出不一定与系统输入成正相关，影响力可能源于一些小的因素。

市场风险出现时，政府作为"救火队员"的职能必然要体现。然而，这个时候经济治理的理论和工具的高度、多寡成为关键，理论先行是我们经历过多次危机后的迫切感受。但在实践中，人们更多的还是继续选择过去的工具。

法定货币一波又一波地扩张，给人们传递了一个虚假的信号，也不断推动危机成为现实："美联储或各国的中央银行永远会拯救我们。""股票是没有风险的，政府会救市。""房地产泡沫不会破裂，政府的控制力一直在。"这些信念终究有垮塌的一天。

市场控制和行政控制各有所长，两者不是魔鬼和天使。经济学共识在面对市场的不可知性时，要有敬畏之心。研究经济规律是为了更好地驾驭市场，但是，目前控制市场趋势、预防及有效应对危机的具体做法仍停留在哲学层面。

五、自我膨胀的种子

货币属性中存在自我膨胀的种子。在银行的实际利率、货币供给量超过市场预期水平时，货币扩张就会发生，同时诱发乐观主义，使经济活跃、资产升值，还会导致货币流通速度的加快。我们称这种现象为"货币加速器"现象。货币的自我膨胀特性在货币供给扩张下导致货币流通速度加快，这会让人感到更加富有，这是典型的正反馈调节系统的运行逻辑。

开始时的小规模通货膨胀总是让人产生繁荣将至的幻觉，这是很多人喜欢小规模通货膨胀的原因。经济增长的背景下，几个加速器同时在起作用：货币、存货、资本性支出和房地产等发挥着各自的魔力。投资者乐意追加投资，这是一种习惯性的选择，反过来又使得"繁荣"得以持续。情绪高涨的投机者胃口大开，好像可以毫无顾忌地吞下股票、房产、艺术品、工业项目等。直到疯狂的轮子最终失去动力，大危机随之出现——房地产建设过剩，工业产能远远超过了需求，消费者债台高筑，通货膨胀的局面愈演愈烈，政策的一般选择是通过中央银行提高利率来控制这种局面。

这套调整的逻辑会使经济运行陷入停滞，而后可能出现崩溃的前兆。由此导致银根紧缩、债务高企、银行危机，经济停滞不前。

政府会采取一切措施走出这个危机周期。具体的措施会是

第三章
非理性随机游走

什么呢？货币，还是货币。过去的经验告诉我们，这种怪圈无法根治波动周期，只能修正经济的波动。如果想完全避免，事情就会变得更加糟糕，因为我们的工具箱里只有几样老工具，关注的要素也是显性指标。货币作为经济治理的工具有中央权威体系的背书，覆盖面极广，就像人的血脉一样。货币的本质及其自我膨胀的能力是未来经济学应该多加关注的，尤其是要研究如何以货币及货币背后的复杂要素控制经济发展。

经济学被很多人称为危机经济学是有道理的。无论学派和能力，经济学家要能预见、评估、判断经济风险的来临。虽然经济学家开始时会注意包容经济波动，也认识到面对风险时最重要的是理性和预见性，但是，对"身处险境"的决策者而言，最难把握的是理性分寸，最易产生影响的就是人的、政府的"动物精神"。

经济学的基本方法是理性分析，但并不排斥"动物精神"之类的心理因素。一般认为，人们的行为主要由理性的经济计算决定，但不完全来自理性。换言之，理性和"动物精神"并不绝对排斥，而是共生共存的。

将理性与非理性的行为隔绝和对立起来，回避人的本性及政府机构的"动物精神"的逻辑，一定会阻碍人们对经济现象的解释和对解决方法的探索。

关于如何应对"动物精神"和理性精神间的张力，我们尚未得到广泛认可的理论，在两种相对立的行为之间，我们也许只能看到结果，其原因是我们掌握的过程信息不完全，而控制论在过程控制方面的主张值得经济学借鉴。因为，信息不可能保存在一个平面上，让你一览无余。新信息是在旧信息变异、真伪并存且相互干扰中产生的，会受政策及市场反馈的影响而改变。控制论关于这种诡异的信息采集、处理和甄别的方法和观念对经济学分析大有裨益。

第三节
非均衡适应

很多人开始接受"这个世界既无市场失灵的问题，也无政府失灵的问题，而是理论失灵"这个说法，虽然有点苦涩，但这是一种理性的反思。

观察和研究经济现象的方法和逻辑基本还是几十年至几百年来的理论方法或这些方法的变种。传统经济学为了真实性，注重实证研究方法，如此易出现就事论事的狭隘。后来，经济学领域又出现了过度数学化的逻辑计算，把经济学变成了微观研究的工具化手段。我们知道数学模型再完美，也不可能包容宏观经济的体量和变量。所以，每一次经济危机来临之前，人们的预测、判断、推理的能力自然受限，这就引出了"理论失灵"的极端观点。

对经济学鼻祖的信仰并不排斥对经典理论的反思、改良和批判。"真理"永远是相对的，古典经济学是人类农业文明的结果，而新古典经济学是人类工业文明的结果。我们已进入了信息社会，正在经历第三次工业革命的洗礼，但经济学过多地保留着农业文明的残留和工业文明的副产品。

第三章
非理性随机游走

一、均衡的幻想

英国著名的经济学家阿弗里德·马歇尔的鸿篇巨制《经济学原理》是经济学的标准教程。马歇尔的最大遗产是图形化的"马歇尔交叉",它被醒目地雕刻在伦敦政治经济学院的一座大楼的入口处。

图示清楚地显示:需求是从左到右向下倾斜的曲线,供给是从右到左向下倾斜的曲线。坐标轴中的纵轴是价格和需求,横轴是供给和数量,曲线的交叉点是供需平衡点,这个点表示平衡价格下生产者愿意供应的产品的数量恰好等于消费者愿意买进的数量。价格处在均衡点上方时供过于求;价格处在均衡点下方时供不应求。为了达到均衡,当供过于求时,价格下调;反之,当供给匮乏时,价格会被上调。这是微观经济学的基础知识,它的核心思想是均衡和价格决定需求和供给。但在应用时,我们只能将其作为经济研究的一般性原则,这个定律没有把其他的干扰因素考虑进来,是一个在理想化假设条件下的模型,不具备系统性思维逻辑和方法。

比如,在没有冰箱的时代,草莓存放一天后就得扔掉,这就导致价格与需求在短时间内不相关。但耐用品,比如自行车、房屋的价格会在一个较长的时间段有效,均衡趋势会出现,它的价格与需求高度关联。市场干扰及不可预见因素随时都会改变均衡状态,但长期看来,很多人相信价格与需求最终会出现均衡状态,也许市场一直在趋向市场均衡的路上。但从宏观的角度看,这种观点是没有实际意义的,一种短时间的均衡的出现只是经济运行过程的一个节点。均衡只是瞬间的事,而非不变的趋势，可以说均衡是微观经济学的研究内容。有人改良均衡理论，放在更大的市场范围内，使用传统经济学"假设"的逻辑，形成这样的推理：在理想的一般均衡状态下，所有市场参与者的活动加总起来，形成一种稳定的状态。控制论观点则把均衡的经济学解释成一种"混沌"，因为系统过程只是个体过程的堆积。

均衡与否表征了市场的运行状态，参与市场交换活动的物化要素与非物化要素以网络确立关系，每一个要素的变动都会形成局部效应而影响整体波动。传统上，均衡都是对局部而言的，需要忽视其他部分的波动。

均衡理论的逻辑建立在一些假设的基础上。如果说这个模型在初始研究阶段还有价值，指望它放之四海而皆准肯定是不现实的。均衡理论的基本假设包括完全竞争、完全可变性以及价格的完全灵活性。均衡理论也强调经济系统拥有自适应能力、一定的自我调节和自我修复能力，根据这些设想，经济系统的运行最终会回到均衡状态。

但上述假设在实践中是不成立的。这种均衡理论的推演过程在学术上有一定的价值，但假设难免偏离现实。因为假设的前提是人的认知能力可以覆盖研究对象，而不包含未知事物。经济学家们喜欢使用假设的一个可能的原因就是对未知因素无法被纳入研究的无奈。

经济学家莱昂·瓦尔拉斯提出的完全均衡理论，是基于微观经济学范畴的生产、消费、价格等要素进行局部分析的方法。瓦尔拉斯是边际效用学派的奠基人之一，他的价格理论以边际效用为基础，认为价格或价值达成均衡时，价格和价值统一。他认为"稀少性"是决定价格的最终因素,各种商品和劳务的供求数量和价格是相互联系的,一种商品的价格和供求数量的变化可引起其他商品的供求数量和价格的变化。他也提出,不能仅研究一种商品或一个市场上的供求变化,必须同时研究全部商品、全部市场的供求变化,只有当一切市场都处于均衡状态,个别市场才能处于均衡状态。

他的观点有积极的意义,但后人只记住了瓦尔拉斯的"均衡"概念,而没有推敲他关于局部之外的关联的说法。以控制论的观点看瓦尔拉斯以微观经济学为基础讨论的均衡问题是具有里程碑意义的。

均衡的研究误区可能是现代经济学造成的。远古的、区域性的、个别商品的市场可能实现均衡,甚至是长时间的均衡,这是受当时市场规模、交流效率及距离所限的不完全市场条件下的客观现实。但我们简单地把这个概念引入宏观经济学研究则是不合适的。

二、均衡萎缩市场

自 19 世纪初流行的萨伊定律及英国经济学家詹姆斯·穆勒都认为,经济一般不会发生任何生产过剩危机,更不可能出现就业不足,即经济处在均衡状态。亚当·斯密"看不见的手"及李嘉图的市场均衡理论观点同样指出,只要市场竞争是充分的,那么需求和供给就能达到均衡。除非政府对经济活动采取人为限制,否则市场就会达到均衡。上述均衡是有条件的,但自由经济的信奉者在高举亚当·斯密、李嘉图的自由市场均衡理论的旗帜时,却把两位大师为均衡理论设定的前提忽略了。

均衡理论体系中市场可承受的波动时长是有假定的，这个假定就是政府能够容忍且不加以干预的时长。事实上，干预市场的主动权控制在不一定理性的人（比如政府）手里。

当然，随着市场动荡愈来愈频繁，人们（包括政府）的耐受波动的能力也会越来越强。对市场波动不再敏感时，市场的自我修复能力就有了发挥的空间，这是市场经济在波动中的负反馈。

如果说均衡是理想化市场的追求目标，恐怕也是错误的。我们承认市场中存在一定程度的均衡，但均衡现象往往会导致市场功能的萎缩和市场经济的衰退，这一点并没有得到经济学家们足够的关注。

我查阅了一些经典著作，没有找到关注均衡条件下的"市场功能"的完整分析。可以这样理解，市场均衡时，市场的运动成为"稳态"，市场经济运行的要素就会出现自然的状态，市场竞争意识会弱化，这表现在生产者的进取心慢慢消退，危机意识减弱。市场竞争意识中的积极方面的消散，会导致消极面扩大，市场功能萎缩。

基于对"市场外部有市场"的定义，消费者的需求不会是一成不变的，它也是依时而变的，有着自然进化的速度。就像一个人天天有肉吃的时候，他的幸福感与食肉量是成反比的——他会希望多吃一点其他的食品，哪怕是廉价的。市场是人的市场，不是一个固化的市场。一个地区，乃至一个国家绝不会成为绝对封闭的市场，一个闭关锁国的国家会有严重的走私问题。在目前全球化的格局下，外部市场的变动一定会快速影响本土市场，完全均衡的市场是不存在的，因为均衡的出现一定会伴随市场机制的消散，最后导致均衡的状态被破坏。

三、信息破坏均衡

经济学基于西方科学研究的四大基石开启了自己的研究。他们的研究离不开"秩序"（秩序感）、"数学方程"（将数学表达为逻辑的延伸）、"可预测性"（静态研究的基础）以及"平衡状态与均衡状态"。也可以说，西方经济学思想史是从牛顿的机械论模式向达尔文的演化论模式迁移的历史，这就形成了经济学的"运动原理"。

牛顿根据苹果从树上掉下的事实发现了天体运行原理，而亚当·斯密是要发现"社会天体"的运行原理，以及社会如何运行、演变成型。天体的地心引力原理成就了牛顿的物理学，而亚当·斯密提出人类的"社会天体"的运行原理是"自利"，并深刻阐述了自利是客观的本能，并受到社会制度和道德的约束。亚当·斯密提出的大部分人均"自利"的观点在过去很长一段时间里都被认为是离经叛道的想法。

经济学的进步是艰难的，理论突破必须打破先哲的光环。而新古典经济学假设人是理性的，活动在静态的、均衡的世界中，这一看似雄辩的理论明显存在着错误且不完整。在工业革命、金融创新的推动下，经济学理论体系开始分化。有的经济学家寻找更加现实的"假设"和动态的方法进行补正，因此我们看到了行为经济学、收益递增经济学、计量经济学、进化博弈论、复杂经济学等。

复杂经济学涉猎更广一些，是一种关于正在涌现的事物，并且强调变动过程的经济学。它关注模式、形式、结构变化、创新，以及永远的创造性毁灭的后果，从本质上看可以称为非均衡经济学。

美国经济学家布莱恩·阿瑟的《复杂经济学》提出了基于信息时代的"复杂现象的经济学"，旨在推翻静态的、均衡的经济研究基础。把非均衡理论强调的中断和破坏当成要点，对经济行为主体为适应不断的变化而进行调整的论述着墨较多。他的理论不一定是完备的，但他清楚地认识到人们对经济社会现象的认知是有限的，他的观点与主流经济学的最大区别在于分析经济现象的过程是在信息极不完备的条件下进行的，而且不可能有什么均衡状态。

非均衡理论已被学界广泛理解，但研究的深度不够。阿瑟观点的点睛之处是"只要有信息的存在就不可能形成均衡状态"。控制论同样阐释过信息具有强大的重建秩序的能力，也具有极强的破坏力。

阿瑟的主要观点是：非均衡是以一定概率出现的，持续一段时间可能会消散，并在经济的"中观层面"发挥作用。他认为，经济并不是给定的、一成不变的存在，而是在技术创新、制度和策略影响下不断变迁的。因此，复杂经济学认为经济是运动的，永远在计算自身的变化并不断重新构建自身，即经济是有算法规则的。

均衡经济学强调秩序、确定性、演绎推理和静态分析，而非均衡理论强调偶然性、不确定性、理解变化并对变化持开放心态。均衡是理想化的状态，但传统经济学的主要误区就是认为研究事物的基本条件应该基于均衡状态，甚至是必须先假设均衡再考虑变动因素。虽然目前经济学界不断反思这种逻辑，但尚未找到更好的理论工具加以诠释并进行逻辑分析。

这正是控制论在经济系统分析中的优势所在。基于信息不断演化、变异及系统本身的不稳定性，以控制论监测、比较、反馈、调节及再反馈的逻辑工具实现古典经济学孜孜追求的系统的"自我调节"的理想，可望弥补新古典经济学假设均衡的静态的研究方法的内在缺陷。

关注信息的存在本身就是对均衡与否的理论限制的突破。信息是具有特殊价值的东西，就如阿瑟提出的：只要有信息的存在，经济系统就不可能均衡。我再次强调控制论的观点：信息具有强大的重建秩序的能力，也具有极强的破坏力。

控制论的主动和被动"调节"可以有的放矢地打破"均衡与非均衡"构筑的对立僵局。均衡是基于静态的观点，自然放弃了自动调节的功能。非均衡强调动态性。该理论认可系统的非均衡发展，注意了均衡理论的缺陷，打破了假设均衡这个前提。非均衡理论强调偶然性、不确定性、理解变化并对变化持开放心态，但它的理论更像一种认识经济系统运行的观点，而缺乏解决问题的工具。基于"信息"传导、反馈调节的控制论，也许有助于弥补非均衡理论的短板。

毋庸置疑，非均衡理论让经济学研究打开了视野，远离了"假设"。动态、系统、调节及自反馈等观念的引入是否能提高经济学分析能力，抬高经济学者的视角？

四、必要的颠覆

长期占据主导地位的古典经济学家们认为，非均衡的情况在经济中无足轻重，他们认为均衡是经济的自然状态。萨缪尔森在1983年写道："那么不稳定的非均衡状态，即使真的存在，也必定只是暂时的、非持久的状态。你们几时曾见过竖起来的鸡蛋呢？"

在危机频频爆发之前，很多理论体系坚持了完全理性、均衡、边际收益递减及独立的行为主体。一般均衡理论、经典博弈理论、理性预期理论、新古典经济学的普遍原则也建立在"均衡"和"假设"的基石之上。我们知道长期以来基于静态、假设的研究方法排斥了动态和非均衡因素，因此很多人已开始讨论相反的问题，包括行为、非理性、非均衡、边际收益递增以及相互联系着的行为主体的干扰。

非均衡强调系统具有极强的内生动力，本身存在着严重的不确定性，这可能是技术变革导致的，也可能是自我变异导致的。内生动力和外部干扰一样重要，因此有必要更加关注系统外界因素的输入及系统的内生动力作用下形成的变异和调节。

控制论用"熵"的增减变化表述系统的非均衡现象，把这种现象的变化描述成一条连续的曲线。熵增则不稳定趋势加剧，熵减则不稳定趋势减弱。控制论是不需要讨论均衡与否的，它的观点强调的是如何控制经济运行，使其处在相对稳定的状态下，而不是绝对均衡的状态下。

外界因素的干扰是控制论关注经济运行的另一条路径。外部环境及政策因素都属于外界因素，这一点传统经济学与控制论观点并无二致，但它们对经济系统外部干扰因素的组成的理解却相去甚远。传统经济学更关注经济政策、输入性通货膨胀或通货紧缩、金融杠杆及进出口等相对具象的经济因素，而控制论会把注意力放在信息、技术创新及选择替代、消费偏好、敏感性、消费心理的变化等非物质的因素上。其中有些干扰因素好像与经济无关，但时时刻刻影响着相距甚远的经济体和国家。实践证明，控制论的经济学应用是可以开启一个伟大时代的，它的开放思维和逻辑是传统经济学少有的，它的理论、方法和工具是值得借鉴的。

古典经济学理论架构往往过于纯粹，对新古典经济学理论均衡、静态完美的柏拉图式的理论体系存在着简单化倾向。布莱恩·阿瑟议论说："我们可以这样做，一方面坚守均衡概念作为我们思考经济问题的基础，另一方面，我们可以通过经验和直觉填补更加丰富的现实内容。"滑稽的是，他自己还是否定了这种简单的妥协。他说："如果我们预先假定经济是均衡的，那么就等于设置了一个过滤器，我们就无法观察到经济中的很多现象，如适应、创新、结构变化及历史本身，都会被绕开或被忽略。"

五、路径依赖

追根溯源，凯恩斯及政府干预学派的理论依据及基础，就是由一般均衡理论派生出来的。以理想均衡作为"判断现实市场经济运行"的参照标准是新古典经济学理论的框架思路，这种方法对不完善的现实市场与完全竞争市场进行比较，一旦发现现实情况与理想标准出现差异，就断定"市场失败"。当真实市场出现无效情况或低效率情况时，一些学者就会要求政府积极介入甚至干预经济运行。这是新古典经济学从宏观理论体系走向微观经济学的一条路径。

均衡理论认为没有人为的动力导致偏离当前状况的行为，市场的错误行为就不会发生。这不仅仅是假设逻辑，其更受限于均衡思维。人们在这种观念下很难看清极端的市场行为，因为他们认为一旦出现偏离均衡的情况，很快就会被反向的抗衡力量纠正过来。控制论的观点认为虽然市场的自我修复和调节功能可能发挥作用，市场的自动调节机制也能抑制一定规模的市场震荡和危机，但过度相信市场的均衡力量是一种浪漫主义，其过分依赖"看不见的手"了。

我们知道市场存在要素的自我膨胀、自我繁殖行为，存在一种偏离自我约束的倾向。所以，泡沫和崩溃是市场运行的基本趋势，也是政府"看得见的手"在风险控制上有所作为的机会。

根据控制论，经济系统对各种各样的反应持开放态度，包括可能出现的投机行为、政府的过度干预、不理性决策、经济结构的突然变化等。控制论的逻辑是无论这种外在的作用力是正向的还是反向的，经济系统的自我调节能力在人的参与下都会通过比较、调节、反馈的过程影响经济运行。当然这个过程并不是完全靠自我调节的，而是需要一定的信息"输入"，这就是"看得见的手"参与的经济控制。它把经济治理的方法论转向系统的、动态的控制论方法。

均衡问题一直被经济学家们辩证地讨论着。凯恩斯在《货币论》的序言中写道："去寻找一个方法，能够不仅描述静态均衡的特征，还能涵盖不均衡的特征，并去发现主导货币系统从一个均衡位置向另外一个转变的动态法则。"

这是一个伟大的想法。他已经站在经济控制论的边缘了，但凯恩斯并没有给出明确的结论，否则经济学的轨迹一定会发生变化。凯恩斯理论与经济控制论的差异，也许就是宏观经济学的突破方向，可惜的是其他经济学家并没有像凯恩斯一样太多地关注这个话题，所谓的凯恩斯学派的研究也没有在这个方向上拓展他的重要见解。

六、超越均衡的逻辑

前面我们提到，一种外界力量导致市场要素追求均衡时，经济活动的活跃度就会不足，市场进步的发动机就会熄火，创造新的供给的能力就会不足，新技术引导经济发展的能力下降，由此会导致经济衰退的苗头出现，直至经济衰退成为现实。

从严格意义上讲，市场均衡和市场稳态并不是一个概念，但我们只从价值逻辑视角来分析，因为这样的理解既不纠结深奥的概念，又注重解决现实问题。控制论观察的系统是一个"动态的稳定过程"，不是稳定的结果。这里的区别在于控制论把稳定当成一种趋势，而不是现状。

系统处在稳定状态的假设在现实中是不存在的，或者它的存在短暂到可以忽略不计。经济系统监测经济运行过程，信息反馈到中央调节器（政府）与设定的目标值进行比较，比较的差值就是系统再次发出调节指令的基础。系统通过比较、调节、反馈、再调节直至进入相对稳定的区间。可以看到系统追求稳态的过程并非结果，只要系统内外存在干扰信息或者自身变异信息，系统的波动就不会停止下来。

均衡是一种伟大的理想，浪漫而"幼稚"。很多亚当·斯

经济控制
不持观点的方法论

密思想的追随者非常相信"看不见的手"是神奇的，其核心逻辑是极具说服力的。加上一些经济学家以模型、数学公式给均衡理论披上美丽的外衣，它就显得更有力、更让人信服了。当20世纪30年代的经济萧条来临时，人们纷纷转向凯恩斯理论，政府干预的有效性给了均衡思想和"看不见的手"一记耳光。虽然政府干预是一种调控手段，是一种相对单向的信息输入方式，尽管它也存在着反馈、评估的过程，但其因缺乏完整的工具并不能形成系统调节。这种干预式的调控在缺乏反馈时往往不能控制市场的波动规律，有时反而会加剧市场经济的波动，甚至导致经济危机。

市场经济的非均衡是一种天然规律，也是经济波动的魅力所在。对于亚当·斯密的思想不能完整解释的经济运行规律，凯恩斯理论也解决不了。甚至可以说货币主义理论、奥地利学派或者将来的什么思想也不可能开出一味治标又治本的药方。

控制论的思想是一种理解市场波动和控制市场波动的哲学式思维方式和技术性手段，是一种方法论。认定市场波动的必然性而非理想化是利用控制论工具参与研究经济活动的途径。

均衡与非均衡不应该是经济系统追求的结果，这种观点有望让我们摆脱均衡理论的纠缠。要明白均衡运行是理想化追求，非均衡才是经济运行过程的必然，借鉴控制论既要控制结果也要关注过程的方法，理性地面对非均衡的必然性是分析市场运行规律的正确逻辑。

第四节
内在不稳定

一、常态化趋势

我们知道,不稳定是经济运行的必然规律。稳定是相对理想化的目标,也受到时长的界定。工业化之前的经济稳定性相对于工业化之后要更长、更平稳。

影响经济稳定性的因素很多,不同流派的观察视角各异,得出的结论自然不同。现代经济理论中的稳定性问题应该是一个伪命题,围绕稳定的经济态势的讨论对经济学理论而言是不适当的,是把工业革命前几百年长期低增长过程中的现象顺势推演到现代经济中来。

我们发现传统经济学研究此类现象时总是以几次大的经济危机为样本,看到了不稳定的危害而放大了稳定的价值。

经济的不稳定性的动力源是丰富而多重的,控制论称之为经济运行的干扰源。这种干扰源本身具有多重性、规律性、随机性和变异性,也有建设性与破坏性并存的特点。理论上我们可以观察到有规律的运行趋势,但"预测"的准确率并不比算命先生准多少,更别提更多地了解和预测随机的和变异的因素了。

我们应该明白经济运行的不稳定性是必然的,追求稳定性的研究是闯入了学术误区。我们应该更多地把注意力放在关注干扰源的随机性及变异规律上来,因为看似稳定的运行状态,往往孕育着更强烈的经济波动的能量。实证研究表明,未发现的不稳定因素对经济发展的危害更大。

经济稳定性研究的错误是显而易见的。把经济的不稳定看成是常态，才能利用信息监测、调节、反馈机制平抑波动的幅度，寻求有价值的方法。

二、不稳定因素

导致经济运行不稳定的因素很多，实证研究表明投资预期和货币供给是最重要的因素，其重要性不仅仅是因为它们权重高，更主要的是这些因素与经济运行的要素之间相互影响、相互作用，表现在正反馈出现扩张或负反馈出现抑制的调节关系上。接受这种逻辑，才能理解经济体系的动态复杂性。

宏观经济学关注不稳定及稳定预期方面的理论体系相对丰富一些，但影响现实的能力还不足。

经济运行的不稳定性主要源于投资，而投资中主要驱动经济增长的是"私人投资"。私人投资对市场的敏感性较其他因素更高，而且涉及人群规模巨大，出现波动时波及范围大。私人没有投资意愿，消费、出口自然疲软。私人投资的规模变化依赖投资者对未来的预期。由于私人投资效率远高于政府投资，所以观察经济趋势时首先要研究私人投资的意愿和趋势。

另一个敏感元素是资金。当社会资金流紧张时，经济学家们未必有所察觉，但投资人和企业家群体会先知先觉。这种感受反馈到投资者决策系统，会让投资者本能地调整投资策略。结果是投资意愿萎缩，触发经济波动。

实证研究表明，金融部门是市场经济不稳定的主要根源。在西方国家的金融体系中，中央银行具有独立性和经济话语

第三章
非理性随机游走

权,金融企业的"狼性"十足,经济运行中刺激这个特殊部门的因素很多,这些都可能导致金融不稳定,从而导致经济不稳定。从20世纪30年代、70年代的经济危机及21世纪初的欧债危机中我们可以清晰地看到,经济、金融发生波动时,首先暴露问题的是金融体系,包括金融杠杆、衍生品、"影子银行"、表外资产、坏账、高风险产品等系统化问题。从另一个侧面我们看到,每一次金融危机爆发时的M2肯定在高位,虽然理论上钱很多,但以市场流动性不足为典型特征,这个时候政府的干预就成了理所应当的行为。金融部门的扩张行为得到政府的援助后,市场的流动性会迅速改善,从而拖延危机爆发的时间。但量化宽松政策必然使M2扩张,根本问题没有得到解决。

在很长一段时间内,占据经济学研究制高点的货币主义学派把货币当成万能的法宝。可是他们忽视了货币的洪水淹没经济的车轮,货币供给的政策工具是一把锋利的双刃剑。

货币超发到一定程度必然引发通货膨胀。美国为应对新冠肺炎疫情,开启无限量化宽松政策,美国的经济学家开始警告可能的通货膨胀爆发,几个月后承认出现了通货膨胀。但中国的情况似乎又有不同,M2与GDP的比例很高,CPI却还保持在3%以下。这是因为在中国大部分资金流向了房地产,房地产作为强大的货币蓄水池,平抑了通货膨胀的压力。在美国2008年后的量化宽松政策的实施过程中,房地产也是重要的蓄水池。当然,美元全球流动,全球都是美元的蓄水池,美国可以输出通货膨胀而保持自身市场平稳。

另一种有悖于传统经济学逻辑的现象,是货币供给的疯狂和崩溃并不必然引发经济萧条。货币主义学派并不能由此感到自负，因为分析问题不能局限于一个封闭国家的货币政策，而要利用全球一体化思维，将开放性经济体的资金自由流动作为背景。

有关这一点，无论理论上怎么争论，是非曲直都是清晰的。但货币主义学派过度自信货币的有效性却导致经济学陷入了麻烦。的确，长期来看货币主义者还是会有所作为的，因为危机来临时，我们好像没有更好、更有效的办法了。但货币武器只是一剂"吗啡"，经济学对危机应该有更好的解决之道。

三、矫正数学公式

当社会广泛质疑凯恩斯理论的时候，以弗里德曼为代表的货币主义者在石油危机的助推下开始了理论反击。凯恩斯理论虽不能说已完全失败，但确实转入了防御地位。

货币主义理论同样是一个矛盾的、好坏兼有的学说。它在理论上有所突破，对凯恩斯主义做了深刻反思，对于经济学是有积极意义的，但货币主义使凯恩斯理论中很多有价值的观点面临被清除的危险。因为，货币主义理论直接且颇具感染力。它的要旨是"只要人们遵循一种简单机械的控制货币供给的增长规则，那么其他问题将不复存在"。当然，后来很多货币主义者也不赞美这种简单的观点了。

两大学派的严重分歧在于凯恩斯主义者认为货币对总需求没有影响，只有政府支出才有用；货币主义者则认为起作用的是货币，而且只有货币。两大学派也都承认，货币政策和财政政策对经济改善有积极影响。

两种观点立场尖锐对立，尽管双方也不乏共同点，但社会

第三章
非理性随机游走

感受到的更多的是片面争论和门派之见，社会大众对经济学界的信任因此降低了。

自20世纪40年代以来，固定货币增长率的思想实际上已成为社会认可的流行理论，尤其是芝加哥大学流派的正统学说。弗里德曼坚持认为固定货币增长率这一政策是处理经济周期的有力手段。他认为，只要确保货币存量的固定增长，就可以管理经济周期问题。

有人为了支持弗里德曼的观点，非常体谅地指出，在那个时代经济发展的复杂过程还没有充分表现出来。但这种"看见的就是真实的"逻辑却是严重的错误，后人应该理解每一个时代的经济学家都会有伟大的创见和历史局限性，理性分析却仍然出错往往不只是这些经济学家的责任。

经济学的假设固然重要，但对前人知识的僵化使用一定是误入了歧途，因为假设存在于过去，经济学的实证研究囿于沿过去的轨迹推断未来。在微观研究中，由于具象研究的实证结果相对具有说服力，容易被大众接受并推而广之，所以微观经济学的实证研究经常出现逻辑自悖的尴尬局面。

比如，弗里德曼利用纽科姆的货币数量方程式证明他的观点：

$$货币供给 \times 流通速度 = 物品价格 \times 物品数量$$

从静态的经济学关系看这个数学方程式是成立的。但如果站在动态的视角，我们就可以发现这个公式中隐藏了很多变动因素，只不过研究者对其视而不见，自然导致人们以僵化、教条的方式理解这个公式。

动态地看，纽科姆方程式的两边不一定是相等关系，而是存在着自我波动的因素。货币供给×流通速度的不稳定是因为其存在内在的自我增强机制，货币扩张时期银行利率一定会下降，导致货币的"成本降低"，需求增加。换言之，货币发行扩张与货币利率下降成了自我强化机制，表现为流通速度和货币供给量同向膨胀。物品价格×物品数量的不稳定是由存货效应、投资过度、创新蜂聚等引发的，从而导致产能过剩、供给创造需求及表面繁荣。诸如此类的过程和逻辑会把一个理想化的等式扭曲在多维空间中，方程式两边的不同步调必然会导致市场信息紊乱，继而导致经济运行紊乱，这一点给经济学研究提供了发展空间。

很多人也认为这样的观点是有道理的，但没有合适的工具用于解释。历史经验告诉我们，没有创新的理论框架是不可能跳出平面推演逻辑的。在利用纽科姆公式的时候，如果不关注更多要素在多维空间、时间上的集聚和"化学反应"，就不能正确地反映经济运行的逻辑。一段时间后，自我强化会严重改变货币主义学派设想的平衡状态。

弗里德曼认为货币供给与经济周期之间有强相关性的说法是不准确的，他片面地选择特定视角去看待问题，而他说"货币扩张是由银行之间的竞争造成的"很有点逻辑自洽的味道。

美国经济学家弗兰科·莫迪利亚尼在《稳定化政策之争》中提出"希望确立一个结论，就是要明确抵制货币主义者的观点，尽管我们已经从他们的悖论中学到了很多，尽管必须将他们的许多看法铭记于心"。

四、具有破坏力的种子

凯恩斯在《〈凡尔赛和约〉的经济后果》中提醒人们，货币破产相当于在邀请革命的到来。他写道："通过持续的通货膨胀，政府得以神不知鬼不觉地悄悄没收相当大一部分的国民财富。"他带着诙谐的嘲讽说："要颠覆现有的社会基础，再也没有比破坏货币更微妙又稳妥的手段了。"他根据当时一些国家的政策警告说："然而，用法律的力量进行价格控制，维持货币的虚假价值，本身就孕育了经济最终崩溃的种子。"

上述警告是由一个极力推崇政府利用货币干预市场，影响了全世界经济模式近一个世纪的经济学家提出的，是理性的、真实的，值得敬佩。

认定通货膨胀是"纯粹货币现象"的理论地位很高，据此，很多人推论出是货币波动造就了经济周期。但我们觉得推论过于简单化了，经济周期问题是一个非常复杂的课题，简单地认定货币因素就是造就经济周期的因素是不准确的。

围绕货币政策如何稳定经济体系，争论自然就更激烈了。学术界热议的、稳定经济体系的管理手段有两种：通过利率进行管理（I 体制），以及通过货币供给进行管理（M 体制）。

但理论在实践面前还是不堪一击。因为各种各样的可能性把经济学家的固有思想体系打乱了，现实中参与乃至干扰经济运行的要素实在太多。

凯恩斯学派针对经济治理强调不断干预，亚当·斯密的"看不见的手"强调自我调节修复。经过凯恩斯主义者几十年的治理，经济出现了"过度治疗"后"低免疫力"的特征，货币主义学派由此看到了大展拳脚的机会。量化宽松政策在货币主义学派的推波助澜下，被用到了极致，形成了比凯恩斯理论更为强烈、更加直接的干预力量，货币的杠杆作用被过度放大而产生了新的"病毒"，其破坏力更加威猛。

五、稳定设计的理想

货币扩张会导致经济通货膨胀危害的观点，已为经济学界广泛接受。但针对货币"内在不稳定"的逻辑和规律的研究仍需要进一步丰富。

既要看到货币的"内在不稳定"对经济系统的破坏力，也要看到其他经济要素的不稳定性导致经济系统的波动的问题。很多人接受了货币是一把双刃剑的观点，但还是容易忽视其他要素的作用。目前，主流经济学体系中仍然缺乏对货币以外的其他经济要素导致不稳定的研究。

海曼·明斯基的"金融不稳定假说"有合理的部分。他分析金融框架体系时没有预先假定金融体系具有内在的稳定性。他指出，金融体系有可能稳定，也有可能不稳定，既不会必然趋向于均衡状态，也不会不可避免地走向崩溃，需要视具体情况而定。他比较务实地提出，分析判断某种不稳定趋势是继续维持一段时间还是立即引发危机，可以依据监测、调节、反馈的基本系统逻辑进行评估。明斯基的观点与在经济治理中应用控制论的做法可谓殊途同归。

经济系统的稳定是控制者的基本诉求。理解经济系统不稳定性的来源及寻找治理策略，是宏观经济学必须长期坚持的方向。不稳定是一种危害，但过度解读货币对不稳定性的影响可能把理论引入死胡同，我们经历过强势货币力量的作用，也感受过金融体系膨胀带来的危害，但是，要想在经济治理中利用金融体系的杠杆作用并助力于经济，就不能只关注货币本身。从控制论的角度切入，比较容易注意到货币之外的其他要素与货币的相互影响。这些要素包含但不限于物质的、意识的以及机制的，尤其是供给、需求、信息、预期、偏好等都可能在某种条件下"跳出来"成为关键力量，影响并与货币相互作用形成新的态势。换句话说，这些不明显的要素有可能借助货币或者其他要素放大其破坏力。

控制论的调节路径是以调节与反馈的原理来操作的，这里的操作不是人为的主观末端操作，而是按照经济规律和输入信息的系统调节。当市场紊乱时，自我调节能力有可能被破坏，人为的干预力量需要介入，这符合控制论的系统原理。如此理解稳定问题，就不会再将稳定理想化，而是能清晰地甄别干扰系统稳定运行的主要因素，以系统逻辑设计并控制经济运行轨迹。这无疑是一个需要深入研究并建立完整理论体系的经济学分支，值得期待。

六、金融是理解经济的唯一途径

经济学家将经济危机尤其是金融危机频发的现象称为"明斯基时刻"或"明斯基危机"，这足以证明经济学家明斯基对现代经济金融理论及危机理论的重要贡献。

明斯基理论的重要性源于他对全球金融危机的预见性。他的重要名言是"稳定即不稳定"。他的纯理论体系没有陷入传统模型理论的误区，相对超脱而清醒。

经济控制
不持观点的方法论

明斯基的"金融不稳定假设"的核心观点是"稳定性滋生不稳定性"。市场经过一段时间的稳定发展，繁荣的苗头会让投资者们心潮澎湃，他们借贷投资的意愿与银行扩张金融规模的心态一拍即合。人类的非理性思维在这个时候一定会起作用，不满足过去的投资回报率，就会寻找风险更高的投资方向。

过去，我们更多地关注金融系统本身的作用，并没有把注意力放在人的行为上。事实上，人的行为的影响力不亚于货币等因素，也可以说指责货币不如指责人。我们认同明斯基关于"金融不稳定"的观点，而且认为不能忽视对人类本性的约束。对此，主流经济学理论仍少有议论，所以本书不断提出以监测、反馈、调节的工具作为经济研究方法。

明斯基认为，金融体系具有内在的不稳定性，经济发展周期和经济危机会由外来冲击或失败的宏观经济政策导致，这也是经济发展的必经之路。有一个值得探讨的问题：什么铺就了经济发展的必经之路？我们必须明确决定系统"必经之路"的要素和作用机制，本书试图围绕这个问题做一些抛砖引玉的工作。

历史经验表明，经济发展不存在无限延续的均衡增长之路，但不排除在短时间维持稳定的可能性，这时金融体系的发展也相对稳定。明斯基重要的贡献是强调了经济自身内在的不稳定性，由于经济系统内生规律的影响力更大、表现形式更隐蔽，我们必须对经济运行进行提前观察。

传统经济学的常识与明斯基的观点是不同的。传统经济学普遍认为外部的干扰因素是影响经济稳定的主因，包括自然灾害、军事冲突、国外通货膨胀的输入（货币因素）、国际贸易因素等。

现代经济研究中已出现正在远离传统经济学所谓的"绝对理论"的趋向。从控制论的角度来看，外部因素的作用对经济系统的影响不是刚性的，更不是线性的，经济系统的复杂性比我们所认为的要高得多，经济学两百多年的发展史已经充分证明了这一点，经济趋势的复杂程度越来越高是毋庸置疑的。经济学研究不可能凭借"高屋建瓴"的概念有更大的作为，理性的做法是重塑方法论，经济控制（论）就是一种以新视角研究经济的方法论。

实证研究很难清晰甄别出经济的不稳定是其内生规律还是外部力量的产物，尤其在不稳定的初期更是如此。明斯基的"金融不稳定假说"把经济运行中所有的不稳定都归结于金融，他的分析自始至终都在金融体系内展开，从未超越金融领域。从宏观经济系统的视角来看，这个观点存在严重的偏颇。

明斯基认为不区分金融体系和实体经济的研究方法更加合理。他认为就业水平、通货膨胀率、投资和技术革新的步伐都受制于银行的信贷政策，所以他说"金融是理解经济的唯一途径"。他进一步强调：经济生活中的一切都会受到金融政策的影响，不存在非金融事件，金融体系的不稳定就是经济体系的不稳定，会波及企业的经营及市场供求关系。当然，他的观点引起了很多经济学家的争议。

的确，在经济快速发展的背景下，金融体系越来越复杂并难以捉摸，但很多经济学家不断简化分析金融的方法，使华尔街式金融创新形成的副作用下降了。明斯基发出警告：金融创

经济控制
不持观点的方法论

新最终都会导致金融危机，如证券化、提升负债比率、债务分层和杠杆等。

　　从控制论的角度看，明斯基的基于经济长链的主要观点是正确的。他把经济运行从头到尾看成一个系统，既把金融与实体经济融合在一起，又把两者的关系解析成多维空间。他关注了经济系统中的子系统的相互作用，把经济系统看成一个"黑箱"，使经济走势在大量经济要素的比较运算中不断地显示出来。这种分析方法给经济学带来了更加清晰的系统逻辑。

　　明斯基没有把外部性的政府干预纳入这个"黑箱"，过度依赖自由市场的机制。在这一点上，他站在了亚当·斯密的一边，忽视了凯恩斯理论。事实上，不考量外部干预的经济学分析是不符合现实逻辑的，明斯基明显忽略了金融政策的原发地是政府。

　　自由市场机制承认人的非理性行为，也承认鲁莽的市场垄断者也会违反自由市场的规律任性而为。在2008年的金融危机中，房利美、房地美及雷曼兄弟等企业的自由发挥铸成了一场经济劫难，给过度信仰自由市场的人们上了一课。从客观上讲，政府或中央银行的干预有时是有必要的。当经济体的自我调节失效，政府需要出手干预，给市场输入一些经济元素以平衡或抑制它的不稳定趋势。当然，我们也要知道政府也会不理性，而且这种事经常发生。

第四章
经济增长效用

第一节
崇尚经济增长

经济增长并不在于生产更多的东西,而在于生产更多的财富。

——保罗·海恩

经济学家一直在探索经济增长和发展的相关理论。1776年,经济学鼻祖亚当·斯密就提出了"是什么因素决定了一个国家财富多寡"的问题。1890年,英国经济学家阿弗里德·马歇尔指出:探索并解决经济增长的相关问题是"经济学最迷人的领域所在"。美国诺贝尔奖得主罗伯特·卢卡斯在其1988年的一篇论文中写道:"经济学家一旦开始考虑经济增长,就将无暇他顾。"人们有一个共识是,只要人均GDP增长,人民的生活水平就会提高,饥饿、死亡率和贫困率都会下降,这一观点自然开启了经济学家探索经济增长的通道。

一、最迷人的领域

经济增长的概念是在经济学发展后期被引入的。在工业革命之前,由于经济增长是缓慢的,经济学家几乎忽略了这个经济的关键指标。

第二次世界大战后,西方发达国家开始相信经济增长不仅是可能的,而且是正常的、永恒的。经济增长可以解决几乎所有(当然不是全部)的问题,尤其是贫困和失业问题。经济增长成了解决问题的必由之路,是真正的灵丹妙药。

经济增长的概念及 GDP 增长率逐步成了经济治理的文化"图腾",质疑经济增长作用的声音都被理解成是反主流的。詹姆斯·K.加尔布雷斯在《正常的终结》中戏称"我们生活在一个崇尚经济增长的文化氛围中"。

当然,现在我们已不太容易理解那些一开始对经济增长极其热衷的人们,必须回过头看看工业革命前几千年的经济增长史,才能深刻理解经济增长的重要性。

经济学家安格斯·麦迪森在其研究报告中估计:500—1500 年,如今的"西方世界"作为经济体,其 GDP 平均一年仅增长 0.1%。该增长率意味着 1500 年西方经济体的经济总量只是 500 年的 2.5~3 倍。同一参照对象(西方经济体)在 1950—1970 年的增长就与 500—1500 年经济总量的增加值一样大。因为那个时期,经济增长大部分依赖自然因素,天气完全决定着农业收成的好坏,农业技术、装备及农民的勤劳相比之下可以忽略,"农业兴则国兴"的主流观点充分说明工业文明前农业的权重和地位,其他影响经济增长的干扰因素则主要是军事战争和掠夺。

1500 年之后,经济增长开始出现加速现象。麦迪森公司的研究显示,到 1700 年,西方经济体的经济产出总量几乎翻番。进入18世纪后，西方经济体的经济增长率大部分超过了0.5%，如英国的年增长率就超过了1%。

在那个时代，英国是工业革命的领导者，经济增长唯一的动力来源就是工业革命。随着工业革命力量的积聚，技术进步逐渐成了经济增长的主要动力，尤其是工业技术推动农业技术进步使得经济增长的基础面迅速扩大并形成了一个广泛的经济增长基础要素。这是著名的经济学家马尔萨斯没有想到的，因为处在农业时代的他对农业生产力的缓慢增长与人口的快速膨胀间的矛盾的悲观情绪影响了他的判断力。

经济增长日趋明显，当然也不会一帆风顺，经济下行也频频来袭。但工业革命给人带来了希望。工业革命不仅带来了经济增长的动力，也给人们带来了精神曙光。新技术的冲击是正向的，经济形势推动的乐观主义情绪影响着经济学的发展趋势，但经济史的历程说明现实比那个时代的专家学者的判断要复杂得多。

长期以来，一种幻觉飘荡在欧洲大陆的上空："只要经济增长，产品就会不断增加，就业自然会长期保持高位"。这种浪漫情怀的出现一点也不亚于人们对乌托邦理想的憧憬。

二、认知变革

在欧洲大陆，经济学界对经济增长的追求经历了一次认知上的转变，造就了理论的革命性突破。马克思的《资本论》和梅纳德·凯恩斯的《〈凡尔赛和约〉的经济后果》都指出，资本主义的重要导向不是追求经济增长，而是实现资本的积累和投资，这是那个时代经济学的理想目标。

经济控制
不持观点的方法论

凯恩斯在他的巨著《就业、利息和货币通论》中比较深刻地研究了当时资本主义经济的思维方式，同样把"资本积累"作为经济增长最重要的追求。凯恩斯强调，欧洲应该在社会和经济上组织起来，以保证最大量的资本积累。

要想改变人们关于资本积累的思维方式，必须从宏观经济的高度去论述。积累的根本动机是资本家要追求利润并保证生存，甚至普通人的经济思维也是这样。也就是说，所有人的资本积累并不是为了实现更大的国家利益，这是个体与整体利益的冲突点。过去，"马尔萨斯陷阱"和"工资铁律"在经济学界占主导地位，认为劳动供给的增加和劳动者之间的竞争一定会导致工资水平下降，而且工资水平不会长期超过工人的基本生存保障线，那么，自然就不会有生活水平的提高和"小康"的实现了。这里的问题是只盯着相对固定的财富由多少人瓜分，而没有把经济增长和资本积累如何使财富增加和如何使财富被正确分配清楚。

出乎当时人们预料的是技术革命（及其他要素）带来的经济增长大大提高了人们的生活水平，财富的概念不再停留在积累或分配上。技术革命带来了看得见的收益，包括后来的互联网革命、交易方式的改变都充分反映出影响经济发展的要素是复杂而多元的。历史经验告诉我们，在预测未来的经济发展时，我们不应该停留在目前的参照系和要素权重上，我们不可能对未来的事未卜先知，更不能简单地复制过去的经验。对现代经济发展态势的预测只有建立在不断监测及反馈的系统平台上，依靠不断重复验证和推理，才有望成为现实。

三、经济增长的原因

经济增长的原因是什么？

西方把经济改善（大家并不认为是增长）归功于过去帝国的扩张、新的耕地的开发和矿产的开发。这也是凯恩斯理论早期的观点，甚至有很多人依然认为这种改善是暂时的。当时的主流经济学坚持认为人口增长和资本主义竞争的压力很快将再次压低工资，广大劳动者将重新陷入贫困，对经济增长可以提高人们的经济生活水平的怀疑仍然占据主导地位。所以，当时的经济学是带悲观色彩的，既找不到提高经济发展水平的出路，也不相信经济改善会持续下去。

经济学家们迷茫了很长一段时间。英国维多利亚时代统治经济学的"资本积累"理论，受到经济增长的冲击而终结，整个资本主义经济体系面临着严重的理论困惑。这种氛围下的经济学又被重新披上了"悲观"的外衣，经济理论需要一个新的突破以改变局面。

经济理论的发展从来不可能脱离社会经济的发展，尽管很多理论看上去很超前，但我们要清醒地认识到理论的根源往往是在现有基础上的推演。历史上生产力的进步都是由技术进步导致的，农业革命、工业革命及网络技术的进步迅速改变了经济发展的模式，经济学理论由此找到了新的生存和发展空间。

四、经济增长的决定因素

关于经济增长，经济学界普遍的共识是其存在三个要素：人口增长、技术进步及储蓄。这是一个简单的、正确的科学结

经济控制
不持观点的方法论

论,因为其技术化的逻辑推理简单到了"无可挑剔"的程度。

理论上,人口线性增长是不可能持久的。世上存在很多不确定性,比如战争、瘟疫及人口文化变异。一种观点认为人口增长到一定程度,随着经济生活水平的提高,很多人会减少生育。这个结论是实证主义者在享受经济进步成果的过程中观察到的。这种现象有一定的客观性,如西方发达国家的民众的生育愿望就低于贫穷落后国家的民众。但也有反例,如俄罗斯的生育率就不及更为发达的美国高,并且其人口长期负增长。另一种观点是英国经济学家马尔萨斯的"人口论"。该观点认为人口增加会导致工资降低,进而导致人口增长率下降,这就是"马尔萨斯陷阱"。当然,这些毕竟都是18世纪的认识,现代人不应过于苛求。

按逻辑推理的话,人口的增长不会是线性增长,增长的曲线会随着外界综合条件的变化而波动起伏。假设人口长期正增长,从40亿人到目前的70亿人,乃至今后很长一段时间仍可能维持正增长,但增长率会逐步趋于平缓。特殊历史时期的波峰或波谷的出现也是有可能的。人口增长的影响力对经济增长的推动作用在经济学意义上暂时还是不可或缺的。

技术进步对经济增长的作用也被广泛肯定。人类从现有的眼界和能力出发,是坚信这个逻辑的。工业革命之后的每一次技术进步都导致了经济出现指数级的增长,蒸汽机、发电机、电子技术及互联网等技术进步改变的不仅仅是技术本身及技术创造的环境。广义上看,技术已不再停留在提高生产效率和产品质量的微观水平上,而是大大改变了人类的思维方式和行为方式,从根本上改变了经济增长的方式及规模。

第四章
经济增长效用

蒸汽机的出现，让物质能被运输到更需要它的远方，增加了交易量，带来的不仅是物质的流动，还有资金和人的流动。蒸汽机技术的这些衍生效应提升了人们发展技术的能力，反过来推动了技术的进步。

经济学需要告诉人们为什么在某个时代集中出现了一批新技术、新产品，要合理总结核心技术进步的原动力是什么，为什么在那个国家、那个时期是那个人发明了这项技术。技术的进步不是自然而然出现的，不研究技术原动力从何而来的经济学论述只能是正确的套话。

很多人眼中的技术进步只是瓦特、爱迪生、比尔·盖茨等个人作用的结果，忽略了技术创新的环境和这个链条的前端。目前，公认的人口增长、技术进步及制度创新是促进经济增长的原动力。我们还必须深刻认识到经济增长背后的根本动力源于企业家。

长远地看，企业家才是经济增长的发动机。关于这一点，米塞斯做出了重要的、有实践意义的论述。这种论述与技术进步促进经济增长并不矛盾。

逐利的企业家在市场经济中往往会采取不同的行为方式，有的促进财富创造和经济增长，有的则破坏财富创造和经济增长。经济学界曾经有过两种声音：一方面，米塞斯等奥地利学派的学者高度推崇企业家精神以及企业家在推动技术进步和经济增长中的根本性作用；另一方面，凡勃伦等美国制度学派的学者则倾向于将企业家看成现代经济增长的破坏者。随着社会法治的健全，后一种观点已逐渐式微。

创新是企业家行为的根本特性，熊彼特大量阐述了企业家的创新精神的重要性。他指出所谓的创新并不是指科学发现和发明,而主要是指企业家利用新思想创新生产资源以增加利润的过程。在熊彼特看来,科技发明只要还没有付诸应用,它在经济上就不起作用。相反,企业家则把发明付诸实施,把一个无形的创意转变成可操作的、经济上可行的经营活动。没有企业家后期基于创利的活动,技术创新就不可能持续下去。

客观地讲,所有经济学承认的企业和个人的逐利行为都是推动技术进步和经济增长的真正原动力,制度是保障企业家愿意并能够逐利的根本,科学技术的进步与企业家的经营实践是珠联璧合的社会中坚力量。

五、稳定经济增长的神话

经济增长过程是一种极端脆弱的平衡。从短期利益出发,提高经济增长不是很难的事,但长期而言,其就是一种理想化的追求了。

政治家们也许更喜欢短期的经济增长。所以全球经济体,尤其是西方发达国家,在政府选举的背景下,其经济总是此起彼伏。当然,事情经常被操纵者搞砸:既赢不了选举又扰乱了经济周期的正常规律。

经济学家则更浪漫一点。稳定的增长、均衡的经济发展是"新经济学"思想的基础。"菲利普斯曲线"是一种平衡的经济增长目标的典型模型,总是期望在相对高的经济增长率与能够容忍的较高通货膨胀率之间达成一种平衡。

第二次世界大战后,美国主导了世界经济的两个强势组织"国际货币资金组织"和"世界银行",具备了干预和控制世

第四章
经济增长效用

界经济的能力。美国发起的"布雷顿森林体系"确实起到了保证美国经济优势及美元强势地位的作用,也控制了美国在国际贸易中的货币平衡。

"布雷顿森林体系"确立了各国货币和美元挂钩,美元与黄金挂钩,并设定35美元可兑换1盎司黄金(1盎司黄金＝31.1035克),如此国际主导货币的操纵者地位被美国人把持着。

美国的货币地位及美联储的地位一定是取决于美国的经济增长,而不是美国人的煽动力。这种在"自由市场"中的垄断地位和机制好像并没有引起世界经济学家们的更多非议,默认的背后还是承认美国经济增长的实力。从这一点可以看到,经济增长的能力决定了一个国家的经济地位和国际话语权,GDP的规模逐步成了国家地位的标志性指标。

"布雷顿森林体系"的解散还是由于美国的经济增长出了问题。当美国在越南战争的漩涡中挣扎时,财政的巨大支出拖累了经济发展,而此时欧洲和日本的经济正处于上升阶段,美国在国际贸易中的长期竞争优势下降了,工业制造业的主导地位被欧洲和日本动摇。美国的贸易赤字和通货膨胀率越来越高,经济增长的动力明显被削弱,美国人在国际经济中的领导地位被撼动了。美国意识到需要突破原来的货币体系束缚,采取能够刺激经济增长的措施。国际压力和美国自身的财政赤字、通货膨胀危及了"布雷顿森林体系"的存在价值,美国迫切希望构建稳定的经济增长模式,试图改变政策工具以促进经济增长,于是把美元与黄金脱钩,给货币插上自由的翅膀。随即"布雷顿森林体系"崩塌了。

当尼克松政府放弃"布雷顿森林体系",采取抛弃金本位、实行美元贬值、降低利率、管制工资和物价及鼓励增加出口等措施后,短时间内经济增长形势出现了逆转,增长和就业有所复苏,通货膨胀率有所控制。

第二节
创可贴理论

一、工具引发的恐慌

古典自由资本主义经济理论在19世纪后期开始没落,给社会主义思想提供了发展的空间。那个时代的经济学主要信奉"资本积累"的经济发展理论,而国家积累是社会主义经济体的优势。社会主义制度能够集中资源,有效激发更多人的力量,加速工业和农业规模化发展。在这种制度下,国家治理的工具便是我们熟知的"计划"。当计划成为规模化力量时,弗里德曼及哈耶克的追随者们就感到了恐慌,他们把"计划"和"极权主义"看成一回事了。

但必须承认,在大萧条来临的关口,经济学界正处在迷茫之中,计划经济的力量的确扭转了经济快速下行的局面。

到了20世纪50年代,计划经济和自由经济的两大阵营按照自己的治理逻辑展开了竞争。

自由经济思想在西方国家不断得到强调,利率、货币及财政政策、汇率控制、社会福利等要素在不同的执政者、不同的经济环境下直接或间接地控制着经济发展。所有国家都把低通货膨胀率、高就业率及稳定的经济增长速度作为治理目标。

正是在这种时代背景下，20世纪50年代的经济学家们把注意力更多地放在了经济增长的理论探讨上，希望找到长期维持良好经济增长态势的路径。第二次世界大战后，市场供给的严重短缺给各种经济制度提供了高速发展的舞台，也使得经济治理理念的优劣之争暂时被弱化了。

国家面临百废待兴，促进经济增长就成了不可回避的目标。工业、农业、服务业纷纷发展起来，GDP规模成了一个国家发展的标志性指标，经济增长的话题已经不再被人质疑。然而，对经济治理路径的差异化选择的探讨还会继续。

二、假设的简化

在研究经济增长的过程中，很多经济学家习惯性地把人口增长和技术进步看成外部因素，因为这两个因素是经济学家研究经济增长的前置因素，看上去也具有"客观性"。

在假设的前提下推理出符合常识的解释，由此假设寻找其他因素对经济增长的作用，使用这种方法，经济学家擅长的经济模型就可以被广泛应用。

主流理论将经济运行的影响因素——储蓄当成变量引入经济模型中。储蓄在经济活动中的重要性显而易见，储蓄的规模直接关联于市场投资的规模。储蓄因此被看成推动经济增长的一个重要因素：储蓄率高，投资就有充足的资金来源，推动市场经济增长。

也许储蓄与投资的关联并没有错，但它还是一种基于假设

经济控制
不持观点的方法论

的研究方法，而这种研究方法的明显问题是容易过度简化。其他的因素自然没有被经济学家纳入经济模型，即使某个因素被发现了，对瞬息万变的经济环境的研究也无大用。这种关于未知事物的基本处理方法明显有违于认知世界的哲学逻辑。

储蓄率高时，投资增加；储蓄率低时，市场资金紧张导致投资减少。只有储蓄率与劳动力及经济发展速度相匹配，经济增长才能实现稳定平衡。这不仅是理想化的假设，而且有其逻辑自洽的路径。这种用排除法剔除了其他干扰因素的经济研究方法在很长一段时间里一直是种潮流。但这个方法的大部分功劳源于假设的简化。也就是说，这是个简化的经济分析方法。

简化的经济分析方法是基于经济学模型的研究。我们不能否认经济研究过程中模型的辅助功能和有效性，但也不能忽视它的局限性。这个局限性暴露在了模型条件的"一目了然"上。所有理论都认同一种逻辑，即看待一个事物要看主流，但这种逻辑用在经济学研究上就显得粗暴而简单了。

由繁化简的方法和工具没有错误，但这仅仅是一个宏观的评价性方法，而不是研究经济系统问题的工具。因为，在很多复杂经济系统中，动态的、隐形的、非逻辑的要素已经发挥作用了，简化自然不能全面。经济要素中的生产效率、劳动力成本、资本、利率、汇率、资源、环境、技术、土地、金融制度、管理水平、公共商品、市场、人的行为、信息、秩序等在不同的条件下影响不同，表现出来的权重也不相同，甚至会颠覆人们的常识。非物质化的"人的行为和意识"既不能简化也不是数学模型能够计算的。

第四章
经济增长效用

　　在古典经济学盛行的时代，石油、矿产以及环境污染这类经济因素不是主要因素，但20世纪70年代中东战争引发的石油危机几乎改变了世界经济发展的格局。

　　2008年的金融危机爆发的主要因素是并不被学者重视的次贷。如果房地产贷款利率不是那么低，那么就不会出现规模化次贷，也不会成为金融危机的导火索。

　　经济学需要动态的研究方法。有观点认为没有假设就没有经济学，这其实是对方法论的无奈。主流经济学是建立在假设的基础之上的，否定了假设就否定了经济学的基础。但在信息爆炸的条件下，基于假设的经济学研究方法有些捉襟见肘了。

　　研究经济增长离不开"储蓄"要素，但忽略干扰经济运行的其他要素也是不可取的。我们在对经济学进行研究的过程中，越来越感受到选择研究工具和方法是困难的。我们既不能把所有的要素都摆在一个平面上，又不能及时发现其他干扰因素，更不能及时甄别信息变异及反馈间的关系。

　　也许用控制论的方法可以突破"假设"对经济学研究方法的羁绊。控制论以信息为媒介的监测、比较、调节、反馈及再反馈的方法规避了模型的具体要素，以全要素的参与建立动态模型，以实际的经济活动为调节对象，进行系统动态控制，重视全系统的运行。尽管控制论也存在一定的盲目性、滞后性，但它能充分暴露信息发生、传导、变异的全过程，让不易观察到的信息借由结果反映出来。基于监测及反馈机制的控制不需要完整的基于模型的假设，因为控制论是动态的适应性调节方法，就像机体的自我调节一样。

三、创可贴式思维方式

20世纪70年代,经济增长的现实逐步推翻了人们长期推崇的凯恩斯理论,政府可以通过合理的通货膨胀率来管理经济周期并能够维持高就业率的逻辑逐渐被抛弃,学术界的关注点从凯恩斯理论转向货币主义理论,虽然货币主义理论不能完全解决经济增长中的根本问题,不能有效管理经济增长的过程,但经济学家们还是坚定地认为必须寻找更好的方法来保障经济增长得到控制。

后来一些经济学家认为,经济增长的最佳途径是政府不能干预经济运行,这是一种反凯恩斯理论的观点。极端的观点认为一切价格都是由市场决定的,而不应该由政府管理和控制,这种观点没有完整考虑其他经济要素对经济增长的影响能力及权重。

追求"平衡增长"的理论学派认为经济周期是可以控制的,其导致的经济衰退已经成为历史。他们把通货膨胀率和失业率的负相关性当成了经济学定律。然而,残酷的事实经常出现在眼前:美国同步呈现出高通货膨胀率和高失业率的共生状态,经典的"菲利普斯曲线"在现实经济面前显得苍白无力。

经济增长理论的假设太多,模型分析太多,实证研究太多,学派思维太强。虽然我们不能轻薄这个理论工具,但站在控制论的角度来看,其分析方法缺乏对经济要素动态变化、相互作用及系统运行规律的分析和有效推理。我们虽然相信经济周期可以被认识、预见和控制,但只靠目前的理论工具是不够的,需要从根本上突破理论桎梏。

"经济周期学派"认为市场机制本身是完善的,在长期或

第四章
经济增长效用

短期中都能够自动帮助经济实现充分就业均衡，而经济周期源于经济体系之外的一些因素（大家注意，他们也承认其他因素的干扰作用，但这些因素被排除在考量范围之外了），如内燃机的发明、石油的短缺、互联网技术的进步带来的冲击。他们不承认市场机制或政府的公共政策带来的干扰，通过设定一些前提、排除一些因素实现了逻辑自洽。

"供给学派"则强调经济增长的速度取决于劳动力及资本等生产要素的供给和有效利用。它强调政府应该以税收作为杠杆，刺激人们工作，增加储蓄并投资，将税负从储蓄环节转移到消费环节。

无论是"政府干预"思想还是"自由放任"思想，不论是凯恩斯理论还是弗里德曼的货币主义理论，无论是经济周期理论还是供给学派的理论，这些争论客观上推动了经济学走向成熟。

尴尬的是，基于数学模型及计算机技术推演得出的结论却往往不太靠谱。学术上坚守经典、方法上依据假设、逻辑上遵循定义的方法已经影响了经济学的改良和进步，尤其是技术派的模型化研究、宏观经济学的微观化趋势、过度简化与高度概括等现象仍然充斥着经济学界。

詹姆斯·K.加尔布雷斯在《正常的终结》中写道："由于经济学家在经济增长模型中忽视资源与资源成本的问题，导致经济学家与其他学科的系统分析师之间产生了深刻的分歧。对于那些建立在工程学基础上的学科而言，任何'系统'的本质是不同的物质、工具和能源之间的相互作用，其研究的范围涵盖所有相关因素。"我们注意到，詹姆斯关于经济系统特性研究的观点是多么清晰而正确。

另一些研究者采用了一条截然不同的研究路径,忽视了诸多物质因素在经济运行中的作用,过度注重市场的"可信度""信心""期望"和"激励",因为他们开始坚信经济学科最终研究的对象是人的"行为"。然而,只关注人的行为,没有考虑外界其他因素的作用与反作用,又走向了另一个极端。

经济快速增长的历程起起伏伏。不同时代、不同环境条件下的增长形态是一个复杂的、庞大的、动态的系统工程体,任何学派的研究都不能忽视其中的关联因素。单凭创可贴式的碎片化思维方式和分析工具不可能适应快速发展的经济分析。

四、边际效应

经济增长的边际效应有多种表达形态,其副产品是资源消耗和环境负担等。

全球变暖已经不是一个需要讨论的技术性难题了。环境问题不是躲藏在某个森林里的"黑天鹅",更不是亚马逊湿地的"蝴蝶",而是"灰犀牛"。我们要清醒地知道:大自然对经济快速发展的报复不仅是相对狭义的工业污染、大气臭氧层破坏和全球变暖等问题,传染病等灾害危及的也不仅仅是个别国家,其对全世界的影响已让人类忙于应付。

面对现实,反人类意志的选择也摆在桌面上。已经有一些"离经叛道"的观点,比如"为什么不能生活在一个没有增长的世界"?当然,这种偏激的见解是不科学的,而且带有严重的情绪色彩。世界需要经济增长以克服现存问题,与此同时,经济学规律是不可违背的,比如人类有逐利的本性。只有经济不断增长，企业和个人的逐利行为才会产生积极的正能量以抑制经济增长过程中的负面效应，使更多的人获得劳动的机会，从而获得收益，同时使社会利益均分的机会出现。而且，只有经济增长中的利益驱动才可能改变我们带给自然的副作用，改进人类的发展路径。

经济学阐释的原理是只有更多的人有逐利意识，经济增长才能更加健康，人类的积极力量才能广泛形成。这种逻辑被证明是正确而有效的。但我们也清晰地看到，经济增长出现问题就会导致经济不稳定，乃至社会不稳定。当经济萧条来临时，机会只留给了拥有巨大财富的团体。这时，经济寡头会再次占据主导地位，形成新的不均衡垄断，从而使经济更加不平衡，导致更大的灾难发生。如果不能及时改变经济不增长或者负增长的局面，民间的投资意愿就会快速萎缩，以致把财富转移到能够增值的国家去。这是资本与生俱来的天性。试图颠覆它是徒劳的，是反规律的做法。

让我们回到相对中庸而理性的研究中。虽然经济不可能长期快速增长，其副作用又难以控制，但我们依然可以选择控制经济实现长期低速而稳定的增长。然而，主流经济学对经济增长控制和平衡并没有完全达成共识。

第三节
平衡与调整

一、收入恒等式

20世纪30年代，西蒙·库兹涅茨提出了一个基本的会计架构：账户中的总产品就是经济体的支出流，支出流的增加就是我们理解的经济增长。此处的支出包括消费支出、投资支出、政府支出和净出口。这是一种简化理解经济概念的方式，这个恒等式认为总支出就是各个要素的总和。这个恒等式的背后或多或少地隐藏着经济要素之间的相互影响、相互作用。这和控制论看待事物变化的角度有着异曲同工之妙。

按这个理论框架的假设推导，国内私营部门的盈余（家庭和私营企业的储蓄减去投资）等于政府财政赤字与净出口顺差的总和。在贸易平衡状况维持不变的情况下，公共预算赤字的增加会导致私营部门的储蓄出现相应的增加。同样，贸易顺差的增加也会导致民间储蓄增加。反之，私营部门的净储蓄增加会导致财政赤字。这是因为私营部门的净储蓄越多，消费越少，收入越低，产生的纳税收入和经济活力就越低，从而导致财政赤字越大。这是基于国民收入主要因素的相互作用、相互干扰的一种系统性的自我调节反应。从西蒙·库兹涅茨的恒等式角度来看，这种调节是被动的。无论是此消彼长还是正负相关，经济系统的各种要素在相互作用、"趋利避害"，形成了系统的自我调节及其与外界干扰因素的平衡。经济学对经济系统自我调节的理论和机制的研究需要更加丰富，以动态开放的逻辑适应经济发展的现实。

二、平衡与扩张

美国国际贸易的特殊性主要反映在巨额的贸易逆差上。贸易影响经济系统的各种要素之间的关系，因此，美国需要维持进出口的动态平衡才能确保充分就业。而贸易逆差太大，无论是政治上还是经济上都是不可持续的,所以美国不得不经常使用贸易制裁来维持其贸易的相对平衡。

20世纪90年代,美国的公共预算出现了少有的连续3年盈余。当时舆论高度评价了克林顿的经济政策,特别是在消减财政赤字和增加税收方面。数据研究显示,美国当时的预算盈余相当于私营部门的债务积累,私营部门的投资多于储蓄。正是由于这个原因,当时美国才可能实现相对充分的就业。出口在某种程度上支撑着就业水平处在高位,但在巨大的贸易逆差下,货币及汇率的稳定难以维系。无论属于哪个流派,经济学家都认为平衡的贸易才能持久地支撑经济的发展。

从会计学的视角来看,公共财政盈余的来源是私人债务。尤其在20世纪末美国的信息技术行业出现了空前繁荣,形成了一次可类比工业革命的影响,在这种利好背景的鼓舞下,私营部门会扩大负债规模以增加投资。这种现象本质上还是在金融扩张政策驱使下形成的,也增加了居民的家庭负债规模,导致了可能的危害和当前的繁荣局面共存。繁荣的信息技术产业有利于民间资本的参与和聚集,于是创造了更多的财富和就业,宏观上催生了国家的预算盈余。事实上,无论是哪个国家,当经济繁荣的局面形成时,私营部门的负债率一定高企。

这个时候的国债及企业债券市场被积极的力量推动着,形成了供求两旺的局面,迅速改变着市场的资金流规模,促使经济增长的发动机加大马力前进。尤其是美国的国债规模巨大,覆盖并影响着世界范围内的投资走向,催生更多力量参与负债投资。但这种靠增加负债的经济增长模式能够走多远?当时,很多乐观的人认为这种"新范式"可能持续10年以上,可以大大改变国家的预算平衡。

然而，另一种趋势是私营部门持续的税收增加有赖于私营部门借贷和支出的持续活跃。事实上，这种趋势导致私营部门的金融资产减少，只是营业活动的扩张使得利润可以弥补金融资产的减少。换言之，扩张带来的持续盈利能够弥补由于借贷增加的负债。但实证研究表明，这种投资回报率不可能满足投资者偿债的需要。若信息技术产业能够实现年化20%的回报率，预计5年可收回投资。然而，一波利好趋势的来临必然伴随大批投资者的进入，挤压利润空间，并快速改变产业盈利能力曲线的形态，导致下行拐点提前出现。资本收益率继续增加的可能性越来越低，投资收回的时间可能变成了10年，企业的投资风险明显放大。2001年，由美国带头的信息产业创造的互联网泡沫破裂了，无数企业和家庭走向破产，接踵而至的是经济衰退，信息产业在"履行"了自身的发展规律后亲自"终结"了一边倒的繁荣局面，结束了由信息产业带动的经济持续增长。

行情的波澜起伏背后是经济系统的自我调整和自我控制。这个自我调整和自我控制的过程被一种反馈调节的机制影响着，不管你是否看到或是否承认。

三、市场机制修复

从微观上看，私营部门的投资在一定程度上是通过负债形成的。但偿债压力最终会迫使私营企业和家庭进入资金紧缩周期，从而导致经济活力减退、投资减少，相应地拖累资产价格进入下行通道，迫使税收下降，使萧条的趋势慢慢呈现出来。

当然，公共预算赤字趋于上升，进口下降缓解贸易逆差，从而使财政赤字减小，减缓萧条的速度。经过一系列连锁反应后，一切趋于停滞。这也是美国2000—2001年纳斯达克指数暴跌、2008年金融危机的基本路径。美国经济的全球化强关联性必然连累全球经济下滑。贸易平衡问题短期看是美国的突出问题，长远来看是全球问题。中美贸易争端中美方的巨额贸易逆差成为一个重要的问题。这种贸易不平衡的局面必然是不可持续的。

当经济出现萧条和低迷状态时，国家的政策必然是加大财政赤字预算，这与私营部门的净储蓄增加高度关联。随着私营企业和居民家庭支出的减少，国家的财政赤字会增加。经济系统的反馈机制促进了自我调节，如果政府不能在这个时候改变私营部门的投资意向，局面一旦形成，政策便会"黔驴技穷"。

所以，经济学非常关注私营部门的投资行为而非国有部门的投资行为。只有私营部门及家庭的储蓄减少、投资增加，才能控制预算赤字。当私营部门的金融资产状况有所改善时，储蓄减少，投资增加，同时家庭愿意增加支出，这将有助于公共财政预算赤字的减小。

而中国的国有企业规模庞大，政府投资占据重要地位，所以中国的经济学应该更多关注国有部门和私营部门投资比例的控制和效果。中国的宏观经济学研究的优势领域应该是投资，其研究更符合实用性原则，应用价值广泛，立足现实，可以丰富经济学的工具箱。

经济学传统研究更多地关注私营部门的储蓄和支出问题。

事实上，政府部门在决策过程中有时倾向于忽略这些因素，因为不容易看到私营部门的账务，也就不太愿意关心发生了什么。政府乐意把公共财政赤字当作可以控制的政策工具。但如果决策者按照这样的思维方式行事，当私营部门对资金的需求增加，政府又采取财政紧缩和提高税收的举措时，私营部门就只好进一步削减开支，这样经济就会走向崩溃。

在国际贸易中，长期来看，贸易平衡的核心要素是产品的竞争力，其背后是产业的技术水平。但是，金融政策及货币汇率却是形影不离的干扰因素。也就是说，国家之间的贸易问题不仅仅是产品竞争力问题，还受货币政策及汇率因素的干扰。

国际贸易平衡与否对各国经济增长的影响是不同的，不同制度的国家对于这种贸易平衡的作用方式的响应也是不同的。但有一条逻辑是相同的，那就是市场的信息会及时反馈到经济的各个领域，市场或政府的调整意识同步形成，市场经过自我修复才能使经济活动趋于平衡。当然，我们不能排除个别特殊情况，比如政府在经济震荡过于剧烈时就要介入干预。

四、工具的辩证

1. 均衡与失衡

均衡与失衡一直会伴随经济活动。追求均衡与面对失衡是一枚硬币的两个面。

经济增长过程中必然会出现发展的不平衡和不稳定现象，而传统经济学研究把均衡发展当作一种理想目标。

均衡是自由主义学派追求的理想境界。他们希望经济在运行过程中能够达到尽可能的平衡，甚至指望国际贸易赤字和预算赤字为零。对政府干预市场持批评态度的人们认为，如果政府不过度干预市场，经济就会自然而然地回到之前的增长轨道上。这当然是一种以"均衡"为方法论的逻辑，忽视了其他经济要素及经济体自身的系统性震荡可能导致的失衡。如何看待均衡与失衡成为自由市场和政府干预两大学派的分歧点，但这两大学派的研究方法普遍存在静态地看待动态过程及过度简化的问题。

研究经济的变动规律需要采用控制论的方法，许多先哲对此已有先知先觉。

早在18世纪初，英国著名的哲学家大卫·休谟跨领域研究国际贸易时就提出了"硬币流动论"。他认为，国际贸易各方利用硬币流动有助于国际贸易自动恢复平衡。他关于国际贸易的学说对英国古典政治经济学有很大的影响。他认为，一个国家因为贸易优势出现顺差，货币自然流入该国，其结果是国内商品价格上升，于是贸易优势就会逐渐丧失，进而导致顺差下降，以至于消失。反过来，一个国家由于贸易逆差，导致货币从该国流出，其结果是国内的商品价格下降，于是贸易优势就会增加，进而导致出口增加，出现顺差。

大卫·休谟的经济理论描述了失衡与均衡之间的动态变化，关注到了贸易关系存在不断自我调节的能力，是一种朴素的经济自动调节理论。虽然他的推论过程没有考虑反馈及其他干扰因素的作用，但是依然深深地刺痛了当时不可一世的"重商主义"。现在我们研究经济的自我调节机制时，不应该简单地笃信大卫·休谟的结论。他是伟大的哲学家，并不一定谙熟经济理论，但其理论的精髓值得我们学习。

均衡意味着可持续发展。人们会认为经济自动调节、自动恢复到正常状态是可能的，均衡应该是经济的常态。这种观点的误区源于对失衡状态的本能的排斥。自由主义者和政府干预理论的拥护者都明白，一旦经济出现失衡现象，"不容忍"的态度立即就会转为行动，真正能够"冷眼"观望一段时间的人是少之又少，尤其是政府部门。

2. 通货膨胀率与就业率关系复杂

传统经济学理论认为：通货膨胀率上升时，就业率就会提高；通货膨胀率下降时，物价普遍下降，生产者无法获得更多的利润，自然就会减少生产，压缩投资，失业率就会上升。这就像跷跷板。历史上，很多国家经历过这种相对明显的高低起伏，但这不能说明上述逻辑是永远正确的。

我们从控制论的角度看经济体系时，不能把通货膨胀率与就业率的关系孤立出来进行研究，因为系统中的每个要素都在相互联系、相互作用。

动态地看，大宗商品的价格更多地是由市场和货币决定的，比如石油、矿产等。它们的价格与社会就业率呈弱相关。输入型通货膨胀及资金、汇率因素导致的物价上涨不但不会稳定提高就业率，长期来看反而可能使就业水平下降。而民生消费品的物价波动与就业率可能呈强相关，民众对通货膨胀的容忍程度不同导致敏感程度不同。现实并不像经济学家推理的那样简单，通货膨胀未必会破坏投资、生产从而改变就业水平，在特定情况下，可能导致劳动者对提高工资水平的欲望发生变化，改变经济波动模式。

第四章
经济增长效用

3. 汇率是一枚棋子

货币作为经济体系中重要的要素之一,向来是政府干预和控制的主要目标。讨论汇率常以美元为例,美国经济、货币、军事的特殊地位决定了其货币的强势。为了维护美元的国际地位,维护美国债务的信用及美国债权国的利益,美元与主要贸易国之间的汇率间存在着复杂而动态的平衡。尽管美联储印钞导致的通货膨胀要由全世界买单,但在货币过度泛滥时,美元的流动性反过来也会危害美国经济,同时损害美国国债市场和国家信用。所以,美元的发行量涉及全球范围、全局利害关系的权衡。

美日贸易争端、中美贸易争端都始于美国在双边贸易中巨额的贸易逆差。贸易争端看上去只是为了实现贸易平衡,但事实并非这么简单。由于庞大的贸易逆差,美国输出了美元,再以出售美国国债收回美元,这个基本循环一直是美国货币政策的法器,调节并控制着美元的流通数量,这也是中国和日本为什么会成为美国最大债权国的缘由。美国政府的经济决策经常利用美元汇率的波动而非一味地追求稳定,这是为保持美国贸易优势地位而采取的一种另类的手段。

这里不得不提到美国贸易代表罗伯特·莱特希泽。20世纪80年代里根政府时期,年轻的莱特希泽作为美国贸易代表负责解决对日贸易问题。里根政府为了减少贸易逆差,开始强力压制日本。美国一直指责日本操纵汇率,让日本出口商获得不公平的贸易优势,才使得日元对美元汇率一直保持在235:1左右。在贸易政策的压力下,日本银行根据"广场协议"开始抛售美元。在此一年后,日元对美元汇率上涨了60%,最终在1987年升到120:1。日本对美出口大规模萎缩，急剧上升的日元汇率让日本进入了著名的"虚假繁荣"阶段。在此阶段，日本的地价开始不可控地上涨，最终导致房地产泡沫破裂，日本因此陷入了著名的"失去的20年"。

货币国际化导致的高流动性是美联储不得不关注的双刃剑。20世纪90年代亚洲金融危机后，由于许多新兴经济体的投资者的避险冲动，资金大量流向发达国家，从而让这些新兴国家成了资本输出国。一些对美贸易顺差国（如中东石油输出国）的巨额外汇及更多国家的外汇都会在不适当的时机输入美国，造成美国的金融失衡，导致通货膨胀，危及业已形成的汇率机制。

货币、汇率、贸易赤字、预算赤字、国家债券等诸多要素之间有着法定的规程，其关系也有变化的可能。国家经济运行在自动调节与政策干预下形成自我调节、反馈、再调节的自动控制过程，以达到预期目标。所谓的自动调节及自动控制是不完全的。政府干预越多，政策就越趋向于计划性；政府干预越少，自由市场的色彩就越鲜明。事实证明，干预的决策者要多一点耐心和预见性。

第四节
干扰增长的或然

一、投资的不可持续

经济学一般认为投资是经济增长的必要非充分条件。短期来看，没有证据证明投资是经济增长的必要条件。威廉·伊斯利特在《经济增长的迷雾》中也承认，长期来看，资本积累的确伴随着经济增长，但二者的关系并非因果关系。

投资由两个部分组成。一部分是政府投资，比如对铁路、机场、公路的投资。这部分投资刚开始产生的效果比较明显，能够快速改变投资环境及改善民间市场的交流。但就带动经济增长的效率而言，这部分投资一直是比较低的。因此，经济学家也一直对此诟病。另一部分是民间投资。这部分投资带动经济增长的效率非常高，是政府投资效率的 2～3 倍。这是经济学意义上真正的投资，受到所有国家的广泛重视。

政府投资有规模优势，而民间投资在"关键"时期可能并不给力，因为私营部门的投资决策不受政府控制，而是受市场信心影响，一般经济只有在困难时才需要投资拉动，而这种境况恰恰不利于形成民间投资意愿。可见，民间投资必须依靠宏观判断和方向引导制定政策，形成长期导向，给出长期而稳定的市场预期。

投资有明显的"激励反馈机制"，认识到这一点非常重要。投资的增加与经济的增长并不同步。当经济增长时，市场的激励性反馈会刺激更多的资金投入以增加设备、产能，但若反馈不及时或信息量不足，就可能导致产能过剩和供大于求。只有当政府的控制方法适当或市场机制比较健全时，这种激励反馈机制才会产生积极影响，推动经济发展，刺激技术进步以提高效率、降低成本。

无论是政府投资还是民间投资，其效率都是可变的。我们发现很多国家一直在投资上保持一个相对固定的增长比例，甚至不断加快投资增长速度,但经济增长却并未跟进,甚至出现了投资增长率长期高出 GDP 增长率几个百分点的局面。显然,国家必须审慎地动用投资工具,必要时评估由于投资过度导致的负债上升、效率下降的困局。

经济学家普遍认为应该鼓励民间投资而不是政府投资,并强化未来投资正向激励的反馈效应,让多种投资形式发挥作用,而不是一味地坚守投资增长率这个目标。

靠投资拉动的经济增长是不可持续的。著名的索洛理论,即增加机器设备并不能维持经济增长的说法已被广泛验证。该理论的另一个著名观点是高储蓄不能维持经济增长,因为现有的储蓄要通过投资购买设备形成产能,但产能并不一定是正向的激励,未来生产规模的扩大也可能导致销售困难。这就是高储蓄率的国家经济增长率并不比低储蓄率的国家经济增长率更高的深层原因。他的经济分析方法采用了投资、产能、产品、市场回报的反馈逻辑,如果将其他经济要素也纳入考量,经济增长与储蓄的关系模型就会完整一些、周全一些。

二、技术进步是经济增长的奥秘

技术进步才是经济增长的奥秘,这一点已成为共识。道理是素朴的:技术进步可以使人们更有效地利用数量不变的生产要素(机器设备、劳动力、资本等)产出更多的产品。以新技术提高生产效率,竞争力自然提高。

每一次技术创新都快速推动经济增长是不争的事实,经济学需要解决的问题是如何增强技术创新的原动力。从米塞斯到哈耶克,众多经济学家都强调企业家的创造力是推动技术创新的原动力，强调一个国家的发展与国内企业家群体及投资环境的强相关，以及在制度建设上追求超前设计的重要性。这一点是经济学界针对重要命题少有的共识。

但技术创新的问题远非这么简单。索洛认为"技术进步是由于非经济原因（如基础科学的进步）而产生的"，也就是说只有基础科学的平台足够高才可能为技术创新提供机会。而基础科学，如物理、化学、材料科学等领域的研究是枯燥的，不易产生科学成果，也没有直接的经济回报，需要政府持久的政策激励和一批技术精英的长期努力。如今这部分研究的突破空间更少，技术研发周期更长，经费及人力的投入更显不足，这些对技术创新的伤害是致命的。

技术进步的首要作用就是提高劳动效率，降低生产成本，带来竞争优势。尽管技术进步的确会影响一部分劳动力的就业，但我们需要铭记索洛的理论：技术进步是实现长期经济增长的唯一途径。

有研究发现，经济增长与技术进步的速率相当。这个发现是重要的，佐证了技术进步对经济增长的贡献。因此，投资重点应放在技术研发和技术推广上，这样才能保障新技术被广泛使用并发挥效能，拉动投资效率的提升，推动经济增长。当然，经济学的系统观念告诉我们，技术进步和投资都不可偏废。

三、不可忽略的干扰

影响经济增长的因素远不止已经讨论过的部分，我再次简要地对几个因素进行分析，目的是希望告诉读者，许多经济学

经济控制
不持观点的方法论

问题的解释方法和结论都有错误,即使是对耳熟能详的定律,也不能简单笃信。

一是教育投资的逻辑关系。加大教育投资能提高民众素质是一个不争的事实,但是很多不发达国家在加大教育投资后并没有实现经济增长。对这些现象的研究在方法上看不出漏洞,但用经济学的系统观点进行逻辑推理,"教育投资对经济增长一定会产生积极的影响"就是狭义的经济学研究方法基于有限的研究要素得出的错误结论。很多经济学研究都得出过扭曲的结论。

二是人口增长的恐慌。经济学家们对人口增长与经济增长的关系也有过争议。大家知道马尔萨斯的谬误源于那个时代的生产力,尤其是农业生产水平限制了他的想象力。但在人口的快速增长带来的地球能否养活人类的担忧还没消退时,在很多发达国家,尤其是北美和欧洲,人口负增长的问题又摆在了桌面上。与此同时,非洲及南亚国家人口的快速增长,甚至让一些国际组织开始为这些国家制定相应的应对计划。人口发展的不均衡现象规模化地出现了。莱斯特·布朗在《超越马尔萨斯》中写道:"世界将要吞下以前忽视人口增长的后果。"一些国际组织警告人口增长问题可能比其他单一因素更加直接地影响经济发展、环境和社会问题。

三是税负的高低。这对投资者来说是敏感因素。一些理论强调,过高的所得税会影响对未来投资的激励,因为它直接影响投资者的税后收益。然而令人惊讶的是,没有证据表明较高的名义税率会降低经济增长率,一些高税率的国家,如英国、瑞典等经济增长状况良好,而一些低税率的国家的经济增长情况则并不乐观。低税率一定是正向激励经济增长的，因为它能提高投资者的积极性。但是，将美国、欧洲的高税率政策与相对落后的一些国家的低税率环境相比本身就不合适：没有把应该考量的投资环境、政策稳定性、投资效率、产业链水平、社会福利、补贴、社会文化、市场水平等因素纳入研究范围。针对任何问题采用非系统的简单比较都是粗暴的方法。

四、技术的创造性破坏

技术的发展可能导致贫困与落后，这反映了事物的辩证关系。人类对未来高收入的渴望是最有效的激励。有技术的工程师、工人会选择去发达国家或者发达地区挣更多的钱，这是一种自然的知识与人才外流。然而，这种流动却导致落后地区人才、技术的流出，使其更加落后。这就是所谓的"贫困陷阱"。

当人们接受新技术的激励、愿意在应用新技术的同时牺牲当前消费以换取未来更多的收益时，经济增长才会发生。但是，技术进步的激励作用具有特殊的复杂性，因为技术进步会产生胜利者和失败者，技术进步的另一个结果是一些旧的技术和产品会被淘汰，一些眼前利益会被放弃。可见经济增长与技术进步的关系绝不是简单的收益的叠加和生产效率的提高。经济学家约瑟夫·熊彼特早在1942年就指出经济增长的过程：从内部持续革新经济结构，旧的技术不断被破坏，新的技术不断产生，这一创造性破坏的过程就是资本主义的精髓。

由于新技术的创造性破坏，胜利者和失败者出现。随着经济增长，旧的行业会消亡，新的行业会产生。失败者的抵制情绪自然会表现出来，因此反对技术进步的声音不绝于耳。

我们可以将旧技术转换为新技术时发生的冲突理解为代际冲突。旧技术有它的拥护者，他们会自觉或不自觉地设置种种障碍，阻止新技术的应用以保护自己的竞争优势，这是企业和人类的天性。

改变人性是困难的。经济学给出的改变途径必须有利于新生代商人和企业家，这是非常重要的前提。

第五章
市场波动控制

第一节
经济周期概论

> 周期并不像扁桃体那样,是可以单独摘除的东西,而是像心跳一样,是有机体的核心。
>
> ——约瑟夫·熊彼特

经济增长是唯一能够改变人类生活水平的途径。追溯历史,自18世纪中叶以来,最贫穷的国家都是在现代经济增长起步以来经济增长幅度最小的地区。个别国家经济增长的持续时间虽然不长,但整个国家的发展水平也大大改变了。这就是经济学家极其钟情于研究经济增长的缘由。

然而,经济增长并不是包治百病的灵丹妙药,也会有一些副作用,如贫富差距拉大等。再加上经济周期性波动,如何使经济合理增长及控制经济周期一直是经济学要解决的重点问题。

一、经济周期的定义

回顾美国经济学家韦斯利·米切尔于100年前给经济周期

下的定义：经济周期是指工商业企业占主体的国家的整体经济活动中出现波动的现象。一个完整的经济周期由扩张、衰退、收缩、复苏四个阶段组成。周期一再重复，但持续时间不等（短则1年，长则10~12年）。20世纪20年代，苏联经济学家康德拉季耶夫从100多年的统计数据中总结出一套为期50年左右的长周期波动规律。他归纳出了三个长波：第一波从1789年到1849年，上升期25年，下降期35年，共60年；第二波从1849年到1896年，上升期24年，下降期23年，共47年；第三波从1896年起，上升期24年，自1920年以后是下降期。该理论成了经济长周期理论研究的代表，但长周期理论容易忽略周期中间过程的波动规律和作用。

19世纪中叶，法国经济学家克里门特·朱格拉以10年为周期，提出了一套中周期理论。朱格拉以国民收入、失业率和生产利润、价格波动为研究参数，将经济过程的波动规律划分成三个阶段——繁荣、危机、萧条，并且它们往复循环。

20世纪初，英国经济学家约瑟夫·基钦提出的短周期理论（以40个月为一个周期）则是基于生产利润、利率影响的产品"库存周期"理论。

20世纪初，美国经济学家西蒙·库兹涅茨根据房地产市场的波动研究经济波动规律，提出了"建筑周期"理论，以约20年为一个经济周期。虽然这套理论的着眼点非常具体，但在现实中房地产市场确实深刻影响着经济周期。

沃德·巴布森在《货币累积的商业晴雨表》中列出了标准的十阶段经济周期模型，各阶段分别为：①提高货币利率；②债券价格下跌；③股票价格下跌；④商品价格下跌；

⑤房产价格下跌；⑥货币利率较低；⑦债券价格上涨；⑧股票价格上涨；⑨商品价格上涨；⑩房产价格上涨。他的主要观点是过度投资与增加货币供给一定会导致负面效应积累而引发周期。

二、周期学说之论

人们一度认为每一次经济危机都由特定的错误政策造成，是对我们所犯的错误的报应。直到朱格拉提出周期理论后，人们才开始认识到经济周期是"经济运行的内在构成部分"，无论是经济波动还是经济危机都是不可避免的。这种认识有利于我们理性而客观地看待经济周期现象。

一些经济学家更多地以微观视角对经济周期进行研究，认为经济周期的发展变化涉及创新、储蓄与投资的总量不平衡，某些部门投资比例的失衡，存货的累积与清理，企业成本结构的变化，虚高的定价，债务紧缩，货币的"内在不稳定"，等等。因此，对周期的研究出现了不同的方向。

英国经济学家德赛试图以新的理论框架解释经济周期，将康德拉季耶夫和熊彼特倡导的长周期理论、理查德·M.古德温根据工资和利润占国民收入的比例的变动推导的经济周期理论，以及哈耶克基于市场利率变动的短周期理论作为三大理论基础。德赛曾批判"经验研究被先验推导所取代，不确定性与质疑被确定性与傲慢所取代"，但他的方法过度依赖数理模型的推论和结果，依赖过去的经验，被这种数理经济学逻辑带进了新的陷阱。

但德赛提出的一个观点是正确的：市场经济是一个动态不

经济控制
不持观点的方法论

平衡系统，其拥有短周期和长周期，经济总量会扩张，但商业也会受到破坏，进而另一轮周期重新启动。作为现代经济学家，他具有更加广阔的眼界，对不稳定性和动态不平衡系统概念的使用促进了他的研究。

20世纪30年代大萧条中期，熊彼特在哈佛大学演讲时这样说："先生们，为萧条担忧，这大可不必。对于资本主义来说，萧条是一种很好的清醒剂。"经济周期律的发现是经济学研究的一大突破。

围绕经济周期的讨论焦点一直是"相信市场的自我调节能力"还是"政府可通过干预把经济带出萧条"。两大阵营在方法上也存在差异，凯恩斯和弗里德曼的分析方法是"自上而下"的，从宏观经济学的角度入手，关注大事件，忽略其他细节；另一个阵营则是"自下而上"的，以新古典学派为代表。两大阵营关注的对象也不同，宏观方法更关注经济障碍方面的问题，而微观方法更关注经济如何实现平衡。

目前，对经济周期的讨论仍然停留在"过去式"，鲜见基于预判的经济周期分析方法和理论框架。在经济周期研究中，我们必须确立预判周期、控制周期的理论方法，从理论上解决经济系统控制波动的问题。

如果德赛或者更多的经济学家借用控制论的一般概念性工具，如信息、输入、调节、共振、正反向反馈、涟漪、混沌、可预测、回声、瀑布、去抑制器、锁模等，系统地、动态地研究经济周期的发生、发展，是否能改变经济学研究面对经济周期问题时的态势？

三、可否对经济周期视而不见

自经济周期理论提出后,经济学家们有过是否存在经济周期律的争论。但在实践中,各国的中央银行好像并不关心这些争论,而是"埋头实干",不断地利用货币政策来摆脱衰退,从而影响经济周期。这些行动往往十分有效,以至于很多人都不相信一国经济会因为需求不足或者周期波动而长期陷入萧条的泥潭。

罗伯特·卢卡斯认为,经济周期不再是个重大课题,经济学家应该把注意力转移到科技进步和经济长期增长的问题上来。他的积极心态和乐观情绪感染了很多人。

尤金·法玛的"有效市场假说"也认为金融市场总是有效的,金融资产价格总是能够准确地反映实体经济的状况,所以金融市场不可能产生内生的危机,如果有危机和波动,那也是某种突然的外部冲击使然。并且,市场将很快吸收之,均衡之。这些理想主义的观点征服了很多西方经济学家。

四、逃不掉的经济周期

我们注定无法准确理解经济周期源自哪里,能够确定的只有一点:经济周期是逃不掉的。比如 1821 年拿破仑战争后,英国货币制度回归金本位。由于债务在战争与高通货膨胀时期规模化增加,这个时期债务的实际利率往往较低。而战争结束后,通货膨胀水平被控制,债务却依然需要如额偿还,在商品价格开始回落的情况下,用于偿债的资产价格下跌,货币借贷利率自然上升,经济进入通货紧缩通道,从而导致 1825 年的

经济控制
不持观点的方法论

金融危机。

导致金融危机的因素很多，但其因果关系较为模糊，诸如风险、预期、信心、信息噪声等，都会触发金融危机。在微观层面，失业和物价问题一直影响着经济发展的节奏，尤其失业率的冲击更为强烈。根据传统理论，失业率上升时，劳动者收入水平下降，导致消费萎缩，生产规模进一步下降。而根据控制论的解释，失业率上升时，经济萧条的信息会传导开来，影响人们的预判，之后反馈到决策层及在业人群，形成信息的交互作用，叠加影响原先的经济运行轨迹。在此过程中，信息的放大、缩小、变异可能导致系统过度反应而震荡，这个时候亚当·斯密的"看不见的手"所起的作用往往是有限的，李嘉图和瓦尔拉斯等人所描述的工资下降—企业用工成本下降—企业利润上升—生产增长—拉动就业的平衡逻辑在现实中也很难看到。

经济学历史上，用通货膨胀政策来解决失业问题一直是流行的主张。回顾历史，几百年来经济繁荣期无不建立在一定水平的通货膨胀基础上，理想的无通货膨胀的经济繁荣环境是不存在的。但时至今日，有关控制通货膨胀规模的研究并没有取得什么成果，繁荣与通货膨胀的良性互动关系没有得到人们的充分认可，更没有可控制通货膨胀的理论突破。

通货膨胀的另一个极端是停滞性通货膨胀。它的危害甚于通货膨胀，这是一个不争的事实。利率、失业率、通货膨胀、停滞性通货膨胀以及风险、预期、信心都会触发经济产生周期性波动，而没有列举甚至没有被发现的因素还有很多。

经济学家仍在找寻经济受到冲击的其他原因，也已开始关注导致经济繁荣与衰退的非货币因素，比如蝴蝶效应、"黑天鹅"事件、"灰犀牛"事件的发生、发展及规律。

五、经济周期的长短之辩

康德拉季耶夫周期理论和熊彼特周期理论是主流的经济学长周期理论，而哈耶克则是短周期理论的倡导者。一般认为长周期理论更重要，因为能站得高看得远。经济学家喜欢长周期理论的一个重要原因是理论空间大，历史数据多，可以充分发挥经济理论推理和模型化的潜力。而短周期理论的研究和预测要相对微观，实证时间短，"露馅"的概率自然就高。但短周期问题，尤其是3~5年的周期规律和可能发生的经济波动在政策层面同样具有现实价值，故而经济学家应该更多地参与到短周期理论的研究中来，为执政者提供理论指导。

基于长周期理论的研究相对粗糙，从每一个国家同步地采集样本是很困难的，对前几次发生在欧洲的经济危机与而后发生在美国的萧条进行接续研究的做法也存在问题。把长周期理论的观点简单地覆盖在短周期理论的方法上是不妥的，也不准确。

六、经济周期之母

寻找经济周期的源头，就是寻找经济周期之母。房地产、货币、股市、债市都可能是显性的源头，蝴蝶效应、"黑天鹅"事件、"灰犀牛"事件等则可能是隐性的源头。

说到对经济周期之母的讨论，不得不提美国经济学家霍默·霍伊特。他在20世纪30年代对房地产市场的周期波动问题进行了一次真正意义上的全面研究，这是世界上第一个关于经济周期的研究成果。霍伊特因此获得了经济学博士学位。他的专著《房地产周期百年史：1830～1933年芝加哥城市发展与土地价值》明确提出了房地产市场的周期现象。这个周期很长，但市场价格波动很大，并且在趋势反转向下的时候，情况会变得很可怕。他的研究推动了对房地产市场周期与经济周期间一致性的认识。

考虑到研究和观察的便利性，房地产市场作为观察的窗口是很适用的。因为在宏观意义上，房地产市场是一个庞大的集合体，包括金融、制度及消费的方方面面，极具研究价值。

在房地产发展的几百年历史中，房地产周期发生过很多次。房地产周期来临时表现为房地产价格及成交量出现明显的波峰和波谷。房地产周期可能与经济周期重合，也可能滞后。

在经济形势比较平稳的时期，房地产周期存在一定的规律，比如人口流入、银行利好政策、房屋租金上涨、房价上升等因素助推房地产交易量价达到高峰，然后可能出现平缓的衰退或者快速的萧条，成交量开始萎缩，预示着一个周期的结束。

讨论房地产周期一定不能离开金融政策及投资环境，因为两者的关联程度非常高。所有市场都有通过信息进行自我激励的逻辑。初期，预期交易旺盛，房地产开发商的扩张动机被鼓动起来后，纷纷按照乐观策略下的市场趋势追加投资。人同此心，大家在一种信息的提示下做出同样的决策，几年内，市场可能出现过剩，于是危机又显露出来，如此循环往复。

房地产周期的一个重要特征是"过程间隔"。过程间隔是指在房地产市场向上的需求出现时,房地产开发商积极准备扩张,由于房地产从开发到销售实现的过程相对较长,会出现"后进学先进"的态势,导致投资排队趋势的形成。此时,大部分投资者并没有意识到情势可能已经发生逆转,这就是过程间隔区间的盲视。

实证研究发现,房地产是一个最不稳定的产业。英国国家经济局发表的研究报告曾指出:"在广泛的投资名目中,私人住房投资可以看成是最不稳定的,甚至比工业制造部门的投资还不稳定。"如果不考虑不稳定态势,就不可能对房地产周期做出全面的解释,这也是经济学家关注房地产不稳定特性触发经济周期的思维逻辑。

房地产资产体量巨大,很多国家的房地产资产规模是当年GDP的2~3倍,所以房地产周期对宏观经济周期的影响是刚性的。尽管房地产周期不一定和经济周期同步,但房地产危机后"清理残局"的状况却与宏观经济的恶化相对一致。

经济学家都会研究房地产对宏观经济的影响,无论是在扩张时期还是在萧条时期,它们之间都存在着必然的强联系。

七、衍生关联

经济周期是影响世界经济乃至改变世界政治格局的主要路径。西方经济学对经济周期律日渐重视。经济周期律研究已成为一门重要的分支学科。

几十年来,经济周期的主因都是房地产周期,但这种规律不是一成不变的,在经济格局的变动中,其他要素也可能成为主因。反过来研究房地产周期,也要搞清楚房地产周期与经济周期的因果关系：是房地产的小周期引领了宏观经济的大周期，还是宏观经济的大周期推动了房地产的小周期？

危机来临时，理论准备通常不足。常识告诉我们，房地产市场繁荣后一般会出现危机，甚至会引发经济衰退。但狭隘地满足于分析个别指标可能导致误读：某个要素的波动与整体经济态势未必同步，甚至可能趋势相左。

金融、房地产、股市、债市等一系列社会经济要素看似没有规律，但每隔几年，某个因素就会上演一场规模化波动。房地产对利率高度敏感，调控房地产市场的主要工具就是利率。在经济下行时，政府会下调银行基准利率，以刺激市场消费信心。在美国次贷危机发生前的 6 年里，银行基准利率从 6% 左右下降到了 1%，在房地产一派繁荣、经济高速发展、就业率节节升高的同时，要命的副产品——通货膨胀和债务危机也在迅速形成。

美国经济专栏作家罗伯特·J.塞缪尔森写道："房地产过度繁荣通常都会引发经济衰退。"辩证地看，房地产繁荣一定会导致经济危机的说法也是不准确的，真正引发经济危机的可能是不理性的金融政策。

第二节
不平衡逻辑

经济学家约瑟夫·熊彼特认为的经济增长的过程：从内部持续革新经济结构，旧的技术不断被破坏，新的技术不断产生,这一创造性破坏的过程就是资本主义的精髓。而他所指的破坏过程就是市场波动的源头之一。技术进步、金融扩张和趋势性规律都是导致系统趋向不稳定、市场态势不平衡的力量。

一、金融平台不稳定

没有发达的金融体系的支撑,经济运行是不可想象的,而不稳定的金融平台给经济运行带来了更多的不稳定性。

梅格纳德·德赛在《自大》一书中写道:"工业经济的发展让亚当·斯密的'看不见的手'面临比原先预想的更突出的问题,经济在危机的动荡中起伏,而非在均衡状态中平稳运行。"

随着工业化水平的提高,经济运行中各要素权重也在不断地发生变化,货币作为所有经济现象的幕后力量的作用越来越大,通过金融体系、房地产、股市、债市扮演着搅局者的角色。

金融机构作用于市场的能力不是简单的投资和收回投资,而是具备了杠杆效应和放大信息的能力。金融资产的回报不仅受未来收益预期主导,也受狂热或恐慌的心态左右。无形的信心、信息与金融力量交互作用,或将诱发并放大对经济秩序的干扰。

不稳定性是金融平台的天然属性,金融机构作用于经济系统,信息传导、调节、反馈过程本身是不稳定的,它们与多维要素相互作用、相互干扰,加剧了经济系统的不稳定性,让经济形势变得更加错综复杂。

二、周期中的加速度

在投资过程中，人们的心理状态会变得越来越不稳定。经济繁荣时，投资收益比较高，正反馈会促进更多的投资；市场萧条时，投资者急于收回投资，则容易导致市场信心消散。

经济运行中货币的数量增加和流通速度的提高导致价格上涨，价格上涨反过来吸引更多企业投资，但这种正反馈不会持久。货币供给的非线性走势决定了货币于扩张后会出现短缺，届时利率就会上涨。控制论解释了市场的变化存在着一定的时滞，这极易导致投资者反应过度或失当，如果缺乏合理的反馈调节机制，市场的不稳定性就会加剧。

金融推动的累积性扩张要一直等到利率上涨、成本凸显才能被抑制，届时投资放缓，带动经济增长放缓。一旦出现停滞的苗头，经济就会开始快速下滑，甚至导致经济萧条出现。

经济萧条一旦出现，低利率也未必能使经济受益，因为经济已经深受伤害，复苏机能非常疲软，只能慢慢调理。此时，快速且大规模的经济政策投入往往会失败，还可能在系统中引起震荡，让错误的反馈信息再次参与调节。

实践中，市场剧烈波动及长期萧条是一系列政策及金融工具叠加的效果，而不是市场自身的运行规律。既有决策者"下了猛药"之后没有看到立竿见影的效果，因此不理性地加量，又有投资者因"饥渴"竭泽而渔。此时，系统调节需要政府参与，政府的认知、能力及非理性程度都是影响系统修复的因素。过多和过早的政府干预可能伤及经济系统的自我修复能力，导致波动加剧。利用监测反馈工具和预调节方法的"负反馈"作用则可以有效抑制波动。

三、摇摆木马

熊彼特在《经济发展理论》中解释了资本主义动态不平衡的逻辑。他将资本主义视为繁荣和萧条的长周期，这种周期或能持续 50 年稳定。他强调周期是创造性过程的反映，创造有正反两个方面的效果，但创造本身最终可能导致周期性的破坏和危机，尽管这种破坏建立在建设的基础之上。

新技术替代老技术，会减少许多工作岗位，同时开创新的发展空间。发展的不平衡在技术创新的作用下可能加剧，但不平衡发展正是动态市场的核心要义，客观上不存在整齐划一的市场均衡。

康德拉季耶夫的长周期理论超越了当时经济学单一变量要素分析方法，在分析中纳入了经济和政治变量、人口统计变量、耐用品投资等。这些要素在产生经济成果之前长期孕育，在适当条件下可能暴露出来，延迟或加速拐点的到来。无论康德拉季耶夫的周期时间表是否准确，他都比较系统地描绘了多重要素作用下的经济波动。

挪威年轻的经济学家郎纳·弗里施将经济形容为摇摆木马。如果放置不动，木马会保持静止。一旦触碰它，木马会开始来回摇摆，但很快这种运动会渐渐停止，木马回到静止状态。木马的设计本身就是这样的，它不是"永动机"，它需要外部的"冲击"作为动力，它的静止也是外部力量（比如摩擦力）作用的结果。在经济运行过程中，外力不仅存在，而且是重叠的、不同步的、多个方向的、不同种类的。

弗里施提出了静态经济服从于冲击的观点,他的经济周期理论明确指出经济是动态的,静态是暂时的,改变是有条件的。这套逻辑可以解读为:如果希望经济周期可控,就应该关注外力的冲击。

微观领域的经济周期现象表现得频繁而明显,容易观察和总结。这不仅仅是因为它相对微观或贴近我们的生活,也是因为它的观察要素、变动因素相对较少。

观察微观事物时,先入为主的观念和方法决定了我们对事物的基本认识,同时也约束了我们的视野。在从微观角度看事物时,我们考虑的干扰因素相对较少,得出的推理结果在短期内可能是对的,但要小心是否存在一些观察不到的因素。

理想化的实验室方法与现实相距十万八千里,但很多经济学都乐意采用。很多经济学结论都是基于理想化的假设得出的,很多政策也都是依据这些研究制定的。很多人认为不依靠这个方法就无法预判下一步,由此可见,经济学的研究必须摆脱这种理想化的传统。

四、自我脱轨的理论

经济学研究派系林立,但对经济存在周期律这一点是有共识的。至于什么原因导致经济周期,人们的认识就不那么整齐划一了。关于如何降低经济周期的破坏性,论述更是多种多样。两种极端的分歧是凯恩斯的政府干预理论,以及弗里德曼和哈耶克的非干预理论。

近百年来的政策实践表明,无论是经济学家还是政府官员,他们更信赖凯恩斯理论的有效性,信赖市场失灵后的政府干预。

当然，结果就是他们制定的政策不断地推高了通货膨胀的平台。

哈耶克曾警告采纳具有"无限再通胀"特征的凯恩斯理论的人采取该决策的后果。他认为，经济繁荣由宽松的信贷环境导致，当经济周期来临，"再通胀"是一个错误的决定，因为它会扭曲市场价格，产生虚假繁荣的迹象，引导投资失当。哈耶克认为，我们需要的是时间，让超额信贷的负效应"自然地"释放出来，无须政府干预。

市场波动就是经济周期律的一种表现。尽管从繁荣到衰退，到萧条，再到繁荣的大周期相对漫长，但短周期的波动却是经常发生的。短周期的波动可能不符合长周期的大趋势，它只是长周期中的一个特例。这种观点体现了经济周期的控制论视角。

以控制论的观点看待经济系统的波动，可将其理解为经济系统在信息输入影响下的调控。借助自我修复机能，系统将外界干预作为信息输入，借助不同的政策进行调节，形成反馈，以平衡信息引发的市场波动。

五、方法之变

康德拉季耶夫的长周期理论，将经济发展过程划分为"春、夏、秋、冬"四个发展周期。康德拉季耶夫用冬季描述经济萧条周期，也有学者用"经济冰期"来描述经济萧条时期的基本特征，强调它不是激烈的崩溃，是一种"慢进的萧条"。

国际上，经济学家普遍把经济萧条的主要原因视为长期依靠发行债务发展，实现经济繁荣后的结果。回顾过去一百多年的历史，我们可以看到经济萧条的导火索几乎都是债务危机。德国波恩大学的一项对过去 140 年间 94 次经济危机的研究发现，危机基本是由企业和家庭信贷规模增长过快导致的，一旦遇有市场波动出现违约，就会造成金融和市场的连锁反应。

目前，抑制风险快速蔓延的治理能力强大了，但压低债务规模、改变经济走向的操作却困难重重，常用的调控手段还是增加债务以缓解眼前的经济压力。

未来可能发生的债务危机恐怕与过去都有所不同：不会是一次"大爆炸"式的危机，而是慢慢呈现的、更为紧缩的债务危机。

当危机的苗头出现时，无论是什么原因导致的，我们都必须快速加以甄别，因为慢进的衰退比快速的爆发更容易让舆情误读。决策者依靠监测、预测的方法对经济走势加以评估是行之有效的方法。这需要依赖信息监测、比较、反馈、调节等动力系统工具，辅之逻辑推理形成预测。这种方法是一种强调预见性的方法。

为此，经济学需要自我反思并吸取其他学科的理论成果。现代综合科学体系中的"三论"（信息论、系统论、控制论）是重要的理论工具创新，传统经济学亟须拥抱它们，才能更好地监测信息，发现危害因子，调节演化过程，控制经济运行。

第三节
市场的波动

市场波动是经济学研究的次级课题，因为它是泡沫、危机的前置因子。传统经济学普遍接受了市场波动的客观规律，但对于导致市场波动的不稳定情绪、态势及趋势缺乏系统性的理论研究和工具支撑。

一、房地产诱发波动

房地产市场和金融联系紧密，加之体量巨大，经济学家必须将房地产市场作为重点观察对象。

在错综复杂的房地产－金融组合体中，金融的杠杆作用体现在房贷衍生品上。许多标新立异的证券产品、复杂深奥的金融工具，其实都是数以百万计的购房者支付月供的衍生品。一旦停供潮到来，任何金融机构都将无力阻拦房价的下跌，抵御随之而来的金融风险。

停供潮的出现，表面上看是贷款人群的还款能力问题，背后其实是政策变动的作用，包括主动行为和被动行为。

主动行为就是政府的宏观调控。当政府观察到房价涨势太快，泡沫形成规模或金融资产大规模流向房地产挤占市场流动性时，国家或地方政府会主动采取调控，收紧银根、提高利率。被动行为是政府和金融机构感受到来自房地产市场衰退信息时的自救行为，在认为房价达到顶峰的预期下限制贷款，甚至降价出卖抵押物以收回贷款。这些举措会推动房价快速下行。

导致房地产抵押贷款纸牌屋垮塌的因素众多。西方发达国家的金融杠杆链比较长，任何一个环节出现问题都可能导致房地产抵押贷款链条崩溃，所以这些国家的金融机构设计了一些自我调整机制和保险机制来保障金融链条的正常运行。

房地产金融"链式反应"的特点决定了评估必须基于系

统的提前监测和反馈，不能简单观察几个指标，否则容易导致一叶障目。宏观经济学在观察金融反应过程的逻辑和趋势时，不仅仅只关注房价的变动，而要把货币政策、消费趋势、干扰因素、市场预期等纳入系统评估，以此判断市场波动危害及应该秉持的容忍度。

房地产市场的体量如此庞大，一点点波动都会影响经济走势，所以经济学界普遍认为房地产市场是经济运行的波动之源，以至于必须高度关注房地产市场的波动可能诱发的金融危机乃至经济危机。

二、波动容忍宽度

接受市场波动的客观存在，除了分析并控制其背景和源头，更需在理论层面设定一定范围的容忍度，建立容错机制。

1. 不稳定容错

市场天然具有不稳定性，这是控制论观察经济系统的基本观点。目前，主流经济学理论认为导致市场不稳定现象的原因有二：一是必然原因，包括一切错误的经济政策；二是或然现象，包括一些政治、军事因素及所谓的"黑天鹅"事件等。基于控制论的方法把经济系统自身的不稳定基因纳入经济学分析，承认经济系统自身的不稳定性，但在解释市场自我波动的原因方面还有所欠缺。

凯恩斯认为企业预期的不稳定性是经济周期波动的根源。他的关注点相对微观，但确实抓住了重点。实证研究发现，企业对未来市场的消极预判和不确定性是预期恐慌的诱因。

经济学家熊彼特认为预期的不稳定性在于创新。他认为创新使企业的生产技术和市场环境处于不断变化的过程中，企业家不得不经常调整预期，受预期支配的投资计划也就会不断波动，造成经济循环。

熊彼特认为，不要过度解读市场的不稳定性，也不要对市场波动过于敏感，要让市场波动的容错机制发挥作用。

讽刺的是，经济学两大对立学派——凯恩斯理论学派和奥地利学派（熊彼特）的出发点一致，但结论却完全不同。面对经济波动问题，凯恩斯的对策是政府调控以稳定经济。熊彼特却说波动是好现象，说明经济有活力，创新打破了旧的均衡。

亚当·斯密"看不见的手"的概念是伟大的创见，他认识到经济系统是自组织实体，有一种力量在协调难以计数的独立个体的行为，但并没有人会具体负责，所有的人都按照各自意图独立行动。这个观点比熊彼特的观点更加原始，也更理想化。

人类不能完全预测危机，也不能完全理性地控制自己的决策，更不能看到超出自身眼界之外的未来，我们只是社会经济发展过程中的一粒粒沙子。基于这样的认识，我们就能知道很多事情是我们力所不及的。市场天然具有不稳定性，人为因素也会导致不稳定，因此要具体问题具体分析，不能一味地改变规律。

2. 干预与自我调节

经济学史就是一部政府干预理论与自由放任理论的争论史。重商主义和凯恩斯理论是主张政府干预的，古典经济学和新古典经济学则主张自由放任。所以，政府干预理论和自由放任理论间的争论就成了经济学争论的焦点。

出现规模化失业和经济波动时需要政府干预。古典经济学体系中虽然也有政府，但政府的职能是在市场之外的。亚当·斯密定义了政府的三大职能：一是界定和保护产权，二是国防，三是提供公共产品。

然而，政府在危机来临时，一般不会按照亚当·斯密预设的逻辑行事，尤其在通货膨胀、停滞性通货膨胀乃至萧条出现时更是如此。

3. 被负面化的通货膨胀

当通货膨胀成为一个普遍的问题时，会诱发劳动阶层对工资收入的敏感性，加之持续数十年的充分就业壮大了工会（一个新的干扰因素）的力量，让工资上涨成为愈发强烈的需求。

经济的发展首先表现为劳动收入水平和 GDP 的提高，当然商品价格的提高就成了利好的结果。可以这样理解，通货膨胀的规律和经济发展的规律应该是彼此契合而非相互排斥的，治理的逻辑应该是控制通货膨胀的合理规模，而不是排斥通货膨胀。过去的经济学分析理论会把通货膨胀分成好坏两类，这也说明通货膨胀存在积极的一面，并非一无是处。

三、波动背后的货币

有人开玩笑说，如果一个国家没有经历过繁荣，是没有资格爆发危机的。这话是有一定道理的。20 世纪 80 年代，亚洲经济发展迅速，让长期的经济价值洼地——东南亚地区出现了投资高潮。这种现象背后既有亚洲各国自身政策环境的改善和人民渴望社会经济发展的推动，更有国际市场变化——货币的流入的作用。

经济政策有主动制定的，也有在市场推动下形成的。一个国家的外汇政策是由国家外汇储备规模和自身经济发展水平决定的。1997年亚洲金融危机期间，一些国家的外汇管制和联系汇率制度与国家经济规模不匹配，从而导致汇率容错空间不足，外汇对冲能力不够，带来了严重的后果，如泰国的金融危机。

20世纪90年代，发达国家出现了温和的衰退，为了挽救经济的颓势，刺激经济复苏，各国的中央银行纷纷设定了极低的利率，于是许多投资者拿着本国的低利率的资金，选择回报率更高的新兴市场国家去投资。1990—1997年，流入新型经济体国家的资本增长了5倍，达到了2560亿美元。这么多的资本快速集中在体量较小的经济体中，这本身就很成问题。

但这个时候预警机制却没有起作用。繁荣让人们膨胀，不愿听取更多的悲观预言。而此时，很多经济学家已经是经济过程的参与者，身在其中，乐不思蜀。全面而动态的经济运行过程并未被经济学家全面观察到，没有针对变异和风险的系统进行监测，即使有几个火眼金睛的经济学家预见了危机，但因缺乏必要的理论工具，论证不够充分，所以无法提出有说服力的观点。

金融市场成了一个货币赌博游戏场。所有被卷入金融危机的国家，都在玩着类似的风险游戏，就像赌徒一样兴奋入场、狼狈而归。

股市、楼市及大宗商品的价格波动会带动整体经济波动，

> **经济控制**
> 不持观点的方法论

这是人们广泛接受的观点。当股市、楼市和出口接二连三地出现萎缩的信号时，连锁反应会快速放大，对宏观经济的波动起推波助澜的作用。当经济波动愈发剧烈时，政府会介入干预，凯恩斯理论的拥护者认为货币并不重要，其不能被倚重为一项政策工具。他们坚定地认为衍生于公共财政的，具有乘数效应的自发性投资才是决定经济走向的力量，也是影响国民收入高低的主要因素。他们甚至认为通货膨胀是一种劳动力市场现象而非货币现象。在关键的分水岭上，他们把货币工具和货币现象拆分开来讨论，也将财政政策与货币本身的作用区别开来。

弗里德曼不认同凯恩斯的观点。他针对当时流行的消费函数、乘数理论和菲利普斯曲线，提出了一个替代性的宏观经济学范式，这便是后来占据高位的著名的货币主义理论。货币主义理论将国家治理的政策重心从财政政策转移至货币供给，将预算赤字和货币供给的失控联系起来，占据了经济理论的制高点。到这个时期，经济学体系中的财政政策、货币政策都登场了。

货币主义理论削弱了凯恩斯的理论支柱，认为预算赤字不是良性的，需要更加关注通货膨胀问题而不是失业问题，将通货膨胀作为市场经济需要应对的首要问题。

这两大学派的真正区别是需要重新讨论的。在学术上，有一个争论点没有人愿意触碰，那就是经济学的"假设"方法和"开环"推论。简单假设和开环推论很容易误读经济运行，方法上脱离现实，不能动态捕捉经济信息，任性地坚持从原理推理得出结论。系统地看，一些伟大的经济学理论创见若无适当的方法、工具，其观察、解释、判断经济运行的能力自然会弱化。虽然"假设"方法是经济学研究的基础，没有假设的研究会被正统经济学家排斥，但不能回避假设可能导致结论与实际相去甚远的情况。逻辑性是经济学研究的重要工具，但没有全要素（或者是重要因素）的参与，没有包含动态、相互干扰、反馈要素的自动调节机制，推理的合理性只能是"政治正确"。

四、非理性助力

当不理性的投资行为形成一个"自我增强"的过程时，不信任的情绪加剧，正反馈形成，这就是非理性助力。

我们分析一下1997年泰国政府的政策走势。当时泰国社会预期泰铢贬值，大家都选择卖出泰铢，买入其他货币，从而导致泰铢贬值加剧，这是正反馈逻辑。泰国中央银行为避免泰铢过度贬值，加大力度买入泰铢，使得外汇储备枯竭，形成了双重正反馈，之后便是泰国政府允许泰铢贬值。

泰铢贬值后，亚洲开放型的新兴市场国家及地区复制了危机模式，"自觉"地跟随泰国陷入衰退。这体现了控制论的信息无边界原理：在负面信息和情绪正反馈的作用下，本身还没有暴露的问题被驱使燃爆，正反馈的逻辑作用显现，负面影响蔓延。一国的货币贬值最终引发了很多国家投资和产出的暴跌。印度尼西亚、马来西亚、韩国、越南、俄罗斯等纷纷"陷落"。如果说这只是各国政府的应对出了问题，就显得太狭隘了。核心问题在于全球化趋势下，一个个子系统的各种要素（货币、贸易、信息等）连接成一个包含各种通路的庞大系统，连锁反应自然不可避免地产生了。

一个系统中，经济要素的传导、变异及反应的过程就是经济社会发展的过程。全球化程度越低，信息传导效率及要素间的相互影响程度越低。经济要素的变动过程往往先是量变，随着信息传导，量变又转为质变。泰铢的暴跌就是人们对泰国货币的负面预期导致的恐慌情绪累积的结果。

有时恐慌仅仅是一种情绪，是一种没有真凭实据的风险，人们的恐慌只是一种非理性的恐慌。有时恐慌则是"自我实现"的，很多人会自觉地配合恐慌情绪的自我验证，反过来推动恐慌理由的形成。这个过程一旦缺乏调节（政府调控），就会形成控制论关注的"过度反馈"，叠加并强化原始输入，导致经济要素震荡加剧，以至于异化成多维度的震荡群。

我同意保罗·克鲁格曼的说法："危机的过程其实是一个经济恶化与信心下滑的过程，是一个破坏性的反馈回路。"

信息的输入、调节、放大、反馈过程是一个系统的调节控制过程。经济系统的运行是循环往复的，存在正反馈、负反馈及信息"缩放"的动态机制，其扩张与衰退的过程都源于此。

五、外部噪声干扰

经济学对外部干扰和冲击的关注相对较少。古典学派相信自由市场的力量；凯恩斯理论依赖政府干预市场；新古典学派更多地将外部因素描述成环境及条件性限制，把干扰因素当成了一般的不稳定因素。

外部干扰更多的是动态的、随机的，并不依附于任何背景。控制论将外部干扰看成是必然存在的力量，或大或小、或显性或隐性、或信息或物质。我们需要动态监测这些干扰因素，利用反馈调节实现控制。

2008年的金融危机几乎没有被预料到。货币主义学派的经济学家们认为这种现象"超出了理论探讨的范围"。他们认为21世纪与20世纪70年代的政策环境不同了，现在的问题不是政策缺陷的问题，因为政策已经改变了，错误已不再出现，负责任的政府已经汲取了当年的教训。同时，如今的经济体系内部不可能存在尚未发现的结构性缺陷。如果经济体系存在这类缺陷，无异于说如今的经济模式存在问题，这是不能被人们所接受的。他们相信现有的制度和政策是没有缺陷的，灾难只能来自经济体系的外部。不知他们所谓的外部是不愿理解的外部，还是不想知道的外部，抑或是视而不见的外部。

第四节
有毒资产

有毒资产是经济要素，但不是一成不变的要素，它是动态的，其变异过程干扰着原先的经济运行规律。本书以目前理论所关注的经济要素的视角关注停滞性通货膨胀、货币及全球化的"毒副作用"问题。

一、带毒的停滞性通货膨胀与货币

20世纪70年代，全球同时出现了高通货膨胀率和高失业率的情形。这种现象是菲利普斯曲线和凯恩斯理论无法解释的。它表现出停滞性通货膨胀的特征，是国际社会经济体系的新干扰因素——布雷顿森林体系的崩塌导致的。没有了1盎司黄金兑换35美元的限制，各国货币就没有了锚，只能以美元为锚。在没有约束的条件下，美元的自由扩张政策导致全世界货币泛滥在所难免。

在为货币体系注入新的变量时，经济系统的运行规则自然要发生变化，原先坚持的经济体系治理工具因为缺乏自我调节和反馈机制，不能及时发现由新的干扰因素引发的变化，不能及时反馈至经济系统控制中心，没有比较、过滤的信息传输易导致政策和市场信息不相称，这种现象易导致经济要素的正反馈加剧，停滞性通货膨胀不可避免。

为了改变停滞性通货膨胀的局面，20世纪80年代，西方国家先后出手，撒切尔夫人、罗纳德·里根、赫尔穆特·科尔主导的政策通过削减货币供给和控制国家支出治理停滞性通货膨胀问题，因为停滞性通货膨胀带来的麻烦要远超通货膨胀或通货紧缩，治理成本极为巨大。

通货膨胀需要干预，通货紧缩也需要干预，停滞性通货膨胀更需要干预，这是实践中政府干预市场的基本逻辑。这三类现象会时刻伴随经济运行，而政府干预和市场调节也必然时刻存在。这就是复杂的社会经济系统。只有基于动态的、系统的观念，才有望厘清不同要素的效用。

二、全球化竞争

在全球化趋势下，一国的政策在实施过程中可能被迅速改变和异化，不再遵循简单的因果逻辑。

在经济运行的量化指标中，没有比资本量或资本流动性更为重要的了。新兴经济体的发展过程就是外国资本流入的过程。这些资本带着技术和管理给被投资国带来了生产能力，创造了市场。

但另一方面，资本的自由流动和灵活的汇率体系对某些新兴经济体来说风险很高。亚洲金融危机充分表现出资本流动性既能带来繁荣，也能导致萧条。因此，我们既不能饥不择食，也不能因噎废食。

理论上全球化是促进世界经济均衡化、文化技术交流发展的机遇，有利于全球社会经济的发展。但是，一方面竞争加剧了不平衡，另一方面发达国家试图改变正在形成的全球化规则，退回到"中心化"的优势地位，引起了各种争执乃至冲突。全球化的制度设计面临着严重的挑战。但总体来说，全球化的正面作用还是远远大于负面影响的，只不过我们需要反思并完善全球化的制度设计问题，抑制有毒资产的蔓延。

第六章
信息的混沌

第一节
市场的恐惧因子

  经济系统是一个复杂的信息系统。这一事实与经济系统的体量无关,它强调了系统的动态及全息特征。

  有人会认为,复杂系统的本质意味着"我无须知道经济系统中的关联",进而认为,每一个个体只需具有局部知识即可,因为系统会自动与复杂的外界交互。这种观点在一段时间内是很流行的,它把经济系统看作"黑箱",是微观经济学理论工作者容易接受的方法。

  于是,经济学研究被拖入了"黑箱"——基于"假设"研究与外界"隔离"的系统,但这并非完整的"黑箱"理论体系。正确认识"黑箱"还要基于控制论工具,而不是单纯地将复杂系统简化。基于"假设"的方法是不适用于动态研究的。"隔离"则是另一个假设,反映了一种投机思维。"黑箱"理论不应该被如此解读。

第六章
信息的混沌

一、随机波动的常态

按照行为科学的理解，每个人的行为都取决于他的预期，然而，对未来的预测又取决于他人或者社会群体的预期。例如，大家都知道一家有品位的酒吧周五顾客一定爆满，因此很多人选择其他时间上门，但逐渐发现，周五的客人少了，其他日子的顾客则多了。这就是群体预期的表现，长期地看，大家还是会不约而同地恢复过去的节奏。

这是一种预期波动造成的行为波动。但这种波动在经济生活中相当少见，因为投资决策与选择在什么时间去喝一杯的分量完全不同。理性会在一定程度上抑制心理预期的作用，当然这不等于否认群体预期与个人预期的联系。

除心理预期的变化外，客观的信息波动也会干扰人的认知活动。在经济生活中，预期和信息波动都是常态。看不到随机波动的信息就和不承认经济活动中时刻存在随机波动一样，反映了不现实的假设。

二、多维度影响

观念会相互影响，也会被其他信息影响并随之改变。这种相互影响有多维分布的特点。控制论强调"反馈"。快速的反馈机制能够及时改变信息的内容和轨迹。

信息以集群的方式发挥作用，尽管很多人只能看到局部。多重信息有因果关系和连续性，前后发出的信息并不是同时形成的，而且会相互影响。在经济活动中，信息的传输主要依附于物化的商品或处于垄断地位的团体，但实践中形成干扰的往往是"小众"群体，表现在垄断企业和政府发布的信息会产生主导影响。

控制论对信息的理解强调信息并非绝对的、现存的，而是随机的、变动的、有时效性的。信息加工离不开系统的反馈，因此我们需对动态的经济系统加以控制，这种控制的过程表现为熵减。

三、信息是有成本的

有价值的信息获取成本可能很高。虽然廉价的信息不一定没有价值，但研究者必须在获取信息的过程中考虑成本，否则就会被廉价信息左右。

信息的采集、分析、加工过程都有成本。信息获取的成本取决于信息的挖掘和信源的开发。信息的甄别和处理则涉及判断信息是否有价值、何时有价值以及信息的价值发生变化的可能性。

控制论与传统经济学理论认识信息的视角有根本区别。传统经济学也关注信息这个媒介，但更多地将信息视为结果、参考和标准值。控制论则认为信息的采集、整理、分析、甄别、处理是一个复杂的系统工程。传统经济学只重视高成本、高价值的信息甄别，而控制论则确信有价值的信息采集本身也是一种治理方法。控制论、信息论、系统论的研究成果可以广泛地应用于经济学。

第二节
预期作用力

经济控制论关注预期的产生及发展。预期在不同的环境中有不同的作用。

第六章
信息的混沌

一、敏感的预期

经济周期及经济波动是经济学研究的重点,更是政府治理经济时最关注的问题。人们希望预判下一阶段经济波动的趋势,分析目前经济周期的基本规律,那么,"预期"自然成了重点关注的对象。

凯恩斯认为企业预期不稳定是经济波动的根源。这种见解基于他的生活环境:20世纪初,社会、经济、政治变动非常剧烈,企业的预期问题是一个非常重要、敏感的问题。作为经济活动的主体,预期直接影响企业是否增加投资、是否增加负债、是否希望扩张等。如果市场的预期是积极的、稳定的,那么企业就会产生投资和扩张的愿望,从而带动更多的市场交易。在企业收获红利后,这种状况又会产生进一步的激励作用,直到市场饱和、市场预期改变。

经济学家熊彼特的关注点则在创新。他谈到了创新带来的过度繁荣的后遗症和创新的破坏力问题。创新使企业的生产技术和市场环境处于不断变化的过程中,企业家不得不经常调整预期。受预期支配的投资计划就会不断变动,从而导致经济波动。熊彼特能够积极地看待这种波动,并认为这种波动本身也是一种推动经济进步的积极力量。

凯恩斯和熊彼特应对经济波动的措施建议也彼此相左。凯恩斯的对策是政府调控,从而稳定经济。熊彼特却说波动是好现象,说明经济有活力,并且创新打破了旧的均衡。他们看待经济波动的方式大大改变了经济治理的风格和路径。

不同时期的不同国家对经济波动的感受是不同的。传统研

经济控制
不持观点的方法论

究更多地关注实体经济的波动,取预期管理的视角,发现对广大群众影响最大的是预期的变化,因为群体有很强的"自证预言"的倾向。

经济学家、企业家和政府都有自己的心理预期。预期是可以被操纵的。通过干预人们的预期,在客观条件不变的情况下,市场下行的趋势可以得到抑制。实证研究表明,这种对预期的干预在某些情况下是有效的。

决策者其实很喜欢干预人们的预期。比如,政府在经济萧条时公开表明看好市场前景、将股市崩盘说成是技术性调整。这些都是为了干预对经济衰退的负面预期。

预期导致的经济波动应被看作一种正常现象,下猛药往往适得其反。经济史研究表明,适度包容经济波动未必是坏事。

二、预期的自我实现

每一位投资者都可以对个人投资的未来收益做出预测。市场价格的走势是在一个乃至众多投资者对未来价格有所预期的情况下产生的。预期可能导致递归,从而使预期的不确定性成为常态。不确定性使预期带有了一点游戏的意味。需要注意的是,没有信息的预期是不现实的,预期应该是基于目标及可收集信息的综合预测。

复杂经济学的创始人布莱恩·阿瑟在《复杂经济学》一书中这样写道:"假设我相信市场价格会上涨,并且我还相信别人也相信这一点,我就会向上修正我的预期。如果后来我又收到一些负面信息,我就会重新评估,而且意识到别人也会重新评估,同时意识到他们也会意识到别人也会进行重新评估。

这样一来，无论交易是否会发生，预期都会变成一种不可捉摸、转瞬即变的东西。因此，价格会不断地上涨或下跌，预期也就变得不稳定了。"

预期不稳定的直接后果是经济波动。如果人们预期价格上涨，他们就会选择买入，从而产生一波经济泡沫。当人们观察到价格上涨，他们对价格上涨的预期就实现了，因此价格可能会继续上涨，这就是泡沫的自我实现。

预期的不稳定性是天然存在的。以旁观者的视角观之，一种预测取决于有多少人会去做预测，其他人的预测又取决于他们对其他人的预测。不存在一种所谓"正确的"预期模型。预期本是为防范不希望出现的状态而采取的措施，却往往事与愿违，反而助推了人们意图规避的不利局面的产生。比如，当人们预期可能出现经济危机时，人们会采取避险策略，但此类行为会强化上述预期，使社会愈发萧条，反而让危机提前到来。

三、被干扰的预测

我们生活在经济学家的预测中。电视、网络、书报向社会传递的经济信息，基本上是经济学家们的见解和观点。人们各取所需，按自己的理解消费这些理论，所以经济学家的预测形成的社会经济预期是影响经济发展的重要原因。

让人大跌眼镜的是，预测经常是狭隘的、远离现实的，甚至是极端错误的。人们不仅没有准确地预测到每一次经济危机的来临，甚至可能让经济危机提前爆发。而这种问题并没有在多次经济危机后得到反思。这是为什么？

一是内心的价值取向。经济研究和预测应以经济规律和经济现实为基准,并以此推演事物的演变方向。然而,一些经济学家却往往用自己内心的价值取向替代事物自身的发展规律,受主观价值判断的严重影响。

二是追求功利的目的。一些经济学家为名利所诱惑,其出发点已经不是研究预测本身,有些人已彻底与科学精神"绝缘",其言论不靠谱实属情理之中。

三是专业局限性。经济学家往往受限于自身教育背景,在单一的领域里"就事论事",擅长挖掘细分领域,对其他领域的认识存在局限性。现实中经济系统要素众多、关联密切且结构复杂,只依靠传统理论已不能全面理解经济现象。

第三节
并不神秘的预测

新古典经济学假设人是理性的,人的理性完美、合乎逻辑、可正常演绎。但这种假设带来了更加复杂且难以解决的逻辑悖论。

一、预测的羁绊

2007年8月,美国次贷危机初现端倪,之后不断蔓延恶化,到了2008年3月,贝尔斯登公司濒临破产被收购,雷曼兄弟公司宣布破产,华尔街成为重灾区。美国政府随后执行了一轮刺激政策,拉开了量化宽松的序曲。就像詹姆斯·K.加

第六章
信息的混沌

尔布雷斯在《正常的终结》中所说的，官方的论调始终是"问题在可控范围内"，这可以理解成是一种引导预期的"正面信息"。但这种空泛的判断和经济形势的实际变化并不相符。

真正的危机还在后面。雷曼兄弟公司宣布破产后，美国国际集团陷入融资危机，房利美、房地美在2008年9月被美国政府接管，全世界和美国一样陷入了恐慌。

所有的人都在问经济学家："为什么没有预测？为什么预测不准？"

经济学家依赖的模型并没有因为金融危机的发生而得到及时修正。在他们看来，缺乏修正模型的现实基础，因为经济学模型是基于普遍共识在历史的数据和经验的基础上形成的。

但是过去不能代表未来，刻板的模型化的预测方法是基于过去的知识和逻辑形成的，新时期的研究不应该简单照搬过去的模型。

当然问题不止于此。事实上，主流经济学家和学术型经济学家始终沟通不畅。经济学家的观点通常要经过权威机构、权威人员的认可才能产生影响力。一些可能是正确的观点由于比较极端，并不会及时被大众接受。而主流观点往往相对折中，更容易抢占理论制高点。

美国2008年的金融危机就是这样一场"规范"的路演。白宫资深经济顾问劳伦斯·萨默斯评价道："最终的经济刺激一揽子计划反映的是两党经济学家的看法，从而确保了最终结果是这群经济学家职业观点的折中。"

此外，经济学家有谨慎的天性。他们偏好听取专业意见并取折中。美国经济学家彼得·D. 希夫、以悲观预测著称的"末日博士"努里埃尔·鲁比尼及金融大鳄索罗斯等都曾预见过经济危机的来临,但他们的意见要么被视为另类,要么被主流舆论的洪水淹没。

二、假设之上的预测

经济学家们的预测在实践中一错再错的一个重要原因是他们被假定的前提束缚住了,对未来的预测因此呈现出高度"公式化"的特点。

假设是一把双刃剑。本书多次讨论了经济学中假设的应用问题,质疑多于肯定。经济学研究不能没有假设,但过于简单的、静态的假设很容易以偏概全。

预测并不神秘,但没有准确的信息,看不见经济的动态运行,只是一味地依靠假设的预测本身是一种不恰当的信息解读方法。

第七章
无妄之灾

第一节
大萧条重启

诺贝尔经济学奖获得者保罗·克鲁格曼在《萧条经济学的回归》一书的开篇就对发生在20世纪30年代的大萧条提出了尖锐的诘问。他说:"但凡思考过20世纪30年代大萧条问题的经济学家,都认为那是一场无妄之灾,而不是不可避免的悲剧。"他认为"如果当年赫伯特·胡佛没有在经济萧条迫在眉睫时还试图保持预算平衡,假如当年美联储没有以牺牲国内经济为代价来维持金本位,假如当年政府官员迅速向境况不妙的银行注资以平复1930—1931年蔓延开来的银行恐慌,那么1929年的股市崩溃将只会引发一场普普通通的、很快被人遗忘的经济衰退"。

和保罗·克鲁格曼一样,大部分经济学家都认为经济学家和决策者已经汲取了教训。很多人都认为以后再也不会出现大萧条了。

经济控制
不持观点的方法论

一、萧条的必然性

但是，20世纪90年代亚洲经济危机几乎复刻了大萧条，西方国家在受过多次教训后又一次在危机面前应对失当。保罗·克鲁格曼感叹道："这样的事情竟然会在现代世界里发生，这理应让所有有历史感的人不寒而栗。"

接下来经济会走向何方？历史经验告诉我们，由于发达经济体的危机还在持续发酵，经济发展最好的状态便是缓慢复苏，高增长率不大可能在短期内重现。美国前财政部长萨默斯称之为"长期经济停滞"。但是，随着发达国家陆续实行量化宽松政策，经济开始了快速增长，金融杠杆花样百出，居民家庭债务在经济上行的刺激下迅速扩张，以至于金融危机（2007年年底）很快便再一次爆发了。

奥地利学派倾向于反对任何形式的政府干预，包括对整体经济进行调整的任何企图。换句话说，在经济繁荣时期，中央银行可能会错误地允许货币供给过快增长，因为没有人能够准确预测到市场上货币超发的警示信号。他们自然会允许储蓄增长落后于投资需求。也许快速增长的货币一开始没有形成任何通货膨胀，但经济繁荣一停止就会出现通货膨胀。

这个道理是通俗易懂的。奥地利学派的著名经济学家米塞斯指出，由信用扩张带来的经济繁荣最终会无法避免地崩溃。人们只有两种选择，要么自愿放弃进一步扩张信用，让危机早一点到来，要么推迟危机的发生。但若选择推迟危机发生，整个货币体系都会被波及，最终酿成更大的灾难。

以控制论的视角观之，说市场没有立即出现货币超发的警示信号是不准确的,没有看到不等于没有。之所以看不到,是因为人们的工具箱中没有监测和反馈的有效工具提供需要的辨识。

我们之所以一直缺乏应对危机的理论工具,很大程度上是因为缺乏监测工具。控制经济运行需要有效监测所有相关因素对系统的影响。全面监测、有效控制的理论体系与实践操作是两回事。由于一直缺乏及时的反馈和评估,误判就会成为一种必然。

二、萧条的唯一原因就是繁荣

著名的朱格拉周期理论指出,经常性的经济危机并不是一些简单的相互独立的事件,而是经济组织不稳定性、周期性发作的体现。他提出了"上升、爆发、清算"等不同阶段,根据收集的数据,认定周期的平均长度为 9~10 年。这个结论基本是正确的,但是他的理论并未分析经济系统"上升"过程中"正在"变动的要素的变动规律,也没有顾及其中的机制和逻辑。他更多地依据结果进行研究,而不像控制论方法基于对系统内部变化规律和机制的观察来推理。

周期理论告诉我们周期是因经济系统的"上升"而形成的,上升就是繁荣。繁荣伴随着危机,危机被引爆,经济就陷入萧条。

所以,朱格拉得出的结论是:萧条的唯一原因就是繁荣。

熊彼特称赞朱格拉道:"他发现了新大陆,而在此之前,有些人只是发现了大陆附近的一些岛屿。"两位先哲的结论好像不容置疑,也广泛被世人接受。但我认为这句话的警示价值要远远大于学术价值。

经济学研究不能止步于某个结论,导致大萧条的原因也绝不只有繁荣。经济学不是一道简单的判断题,只知道一个正确的结论是不够的,我们还需要知道它的发生、发展及后果。因为,我们的目的不仅仅是总结经济的历史,更需要控制未来的经济运行。这是传统经济学与现实的距离,也是经济控制论的契机。

三、对经济周期的误读

周期理论是经济学研究的重要突破。过去的研究存在着一定的方法偏颇,把经济周期本身作为关注重点,而不是解剖周期性事件发生时经济系统的内部运行机制,如此易忽视系统内部运行机制的变化。从动态的角度来看,经济周期不是必然的规律,而是对经济运行的记录。

回顾过去一百年的经济周期,每一个周期既有共性因素,如货币扩张、需求不足、物价上涨等,也伴随着一些个性的、反映时代背景的问题,如次贷危机、国债违约、产能过剩、外汇短缺等。同步起作用的还有各国民众的消费习惯、乐观或悲观情绪的程度,更有国际上一些金融大鳄的兴风作浪。研究经济周期往往是研究已经过去的周期,目的是希望从中寻找到一些有价值的信息和规律,预测未来经济的走势,描绘下一个周期的路径。但预测再准也是预测,历史上准确的预测也着实不多。而事后的政策调整只能是追踪决策,与预测及控制的理论方法毫不相干。

一个另辟蹊径的思路是:为什么不把注意力放在经济运行

第七章
无妄之灾

过程中的适度控制上呢？这是一个既需要理论突破，也呼唤工具创新的话题。

我们讨论一下过程控制问题。过程控制是从控制论、系统论及信息论引出的一套理论框架。虽然目前正统经济学对此少有关注，但它们值得被引入经济学研究方法论。

经济系统是一个开放系统，是基于经济元素及相关"神经脉络"运行的有机动态系统，其中包含反馈、调节、干扰和变异等要素。

信息、调节、反馈、比较、震荡、干扰等都是从控制工程领域借用的概念。

假设系统运行正常，有信息输入时，系统会将当前输入与既定目标值比较，差值进入调节器（中央处理器），形成新的指令，系统在这种调节中逐渐趋于平衡。根据控制论的观点，这种过程控制是系统自我修复和人为适度干预的结果，缺一不可。

过程的演进是复杂的，往往起步有别、步调不一，呈多角度波浪式发展，后期在社会力量的推动下形成周期态势，此时大部分主要经济要素都会参与并影响经济波动。因此，我们应将经济周期理解为要素复合型周期。

周期性波动受一系列因素影响，有一些因素看似重要，实则影响力极弱，可以忽略不计；还有些因素在某个节点看似不重要，以后却可能变异成重要的干扰因素。任何一种理想化的、未将环境的动态变化及内部波动因子的变化纳入的研究必然不完整，难免得出错误的结论。

熊彼特的一个观点很重要。他说："可以肯定，经济学家不至于认识不到人类社会与动物社会或机械系统在行为上的差别,因为人类社会不会对'干扰'做出简单的反应,而是会对其所做的(正确或错误的)诊断加以解释和预期。"

有了这种解释和预期,一旦环境条件改变、预期改变,周期的走势自然也会改变。

哈耶克以米塞斯的研究为基础,论述了货币、价格和失业之间的关系。他认为美联储希望消除经济周期中屡屡出现的繁荣和萧条是不现实的:将周期性的波动幅度限制在较小范围或许做得到,但让美国彻底摆脱经济周期的努力注定是吃力不讨好的。

哈耶克认为周期的症结在于中央银行降低利率,干预储蓄和投资之间的关系。他和奥地利学派都相信,随着时间的推移,包括货币市场在内的所有的市场都会实现一种均衡:商品的供给与需求相匹配。哈耶克认为,在价格机制走向均衡的过程中,任何人为改变价格的尝试都会带来可怕的后果。在他看来,人为降低利率或借贷价格会使物价上涨,而人为提高利率则意味着鼓励商业活动的收缩。他提醒人们,新的周期往往是决策者为了控制周期进行人为干预导致的。

第二节
通货膨胀概述

经济一旦陷入动荡,人们就会对通货膨胀异常敏感,这种敏感又进一步加剧了经济动荡的程度。

第七章
无妄之灾

一、通货膨胀的危害

几百年来，通货膨胀给社会造成了深重的伤害。这里所说的通货膨胀指的是严重的通货膨胀。严重的通货膨胀与温和的通货膨胀完全是两回事，甚至可以说温和的通货膨胀是有利于经济增长的，这一点要首先明确。

经济史上多次出现的严重的通货膨胀甚至打乱了一些国家的正常运行。16世纪至17世纪，由于大量白银涌入西班牙，该国经历了破坏性的通货膨胀；美国加利福尼亚州发现金矿引发了通货膨胀；18世纪，法国奥尔良大公印发过多纸币引发了通货膨胀。更为极端的例子包括：1989年的阿根廷的通货膨胀率达3100%、1990年的秘鲁的通货膨胀率达7500%、1993年的巴西的通货膨胀率达2100%、1993年的乌克兰的通货膨胀率达5000%和2003年的津巴布韦的通货膨胀率达600%。

简单地看，这些国家通货膨胀的共同点是货币超发。超发的货币或大量支出大大超出了这些国家经济运行对资金的需求和承受能力。

对过去多次通货膨胀的危害，经济学家们的观点是比较一致的。

凯恩斯说："通过持续的通货膨胀，政府可以秘密地把公民的一部分重要财富没收。"

哈耶克说："要说历史大部分是通货膨胀史，我认为毫不夸张。一般而言，通货膨胀就是政府为了自身的利益而精心炮制出来的。"

经济控制
不持观点的方法论

所有关于通货膨胀的言论中，我们必须记住米尔顿·弗里德曼的一句话："无论何时何地，通货膨胀都是一种货币现象。要想控制通货膨胀，只需要控制货币供给。"

事实上，通货膨胀去了又来，一波接着一波。每一次通货膨胀来临时，主要的原因都是超量的货币供给。量化宽松的货币政策能刺激经济发展，但也会导致通货膨胀。这个问题始终无法规避。

经济学家和政治家们对自己应对通货膨胀的能力从来都是信心满满的。他们认为适度的通货膨胀是可以接受的，因为一定的通货膨胀可以降低失业率，而失业率常被视为经济治理过程中最重要的指标。

因此，通货膨胀发生时不会没有预警，但很多国家选择了无视，甚至有点故意的成分。而且，政策经济学家们在谈论经济增长时，通常不乐意把货币供给与通货膨胀联系起来。主流舆论往往针对石油价格、气候变化、大公司的贪婪、工会的漫天要价等，这种舆论情势将其他因素置于政策的对立面，但对货币供给的扩张却没有足够的重视。因此，政府往往会采用一些简单的方法，通过控制石油、农产品或房地产的价格平抑通货膨胀。这些方法在短期内都可能奏效。

经济学家们也注意到了货币扩张的时滞效应。它是影响经济学家预测通货膨胀和控制通货膨胀的一个因素。货币供给的增长往往发生在大家都感到经济萎缩即将出现的时候。决策者为了维持经济的平稳增长，给市场注入活力，选择了降低利率、增发货币或降低银行准备金率等简单的办法。这类手段是可行的，问题是把控注入市场的货币数量是一个难题。由于不同国家的市场反应的时滞不同,原先市场的资金池规模大小不同,加之每一次通货膨胀都有自己的特点,对经济系统的干扰存在不确定性。这让经济学家很难及时"对症下药"。

总而言之,货币扩张的几个特性决定了很多人选择无视货币扩张与通货膨胀的关系。

一是货币注入后的市场反应时滞导致通货膨胀出现的时间是不确定的,人们因此有理由将其他干扰因素放在首要位置。

二是市场缺乏反馈,不能及时反映货币扩张过程中市场的真实动态。这必然导致难以调控市场,因为单向的、无反馈的政策是不可能有足够的针对性的。

三是多种市场要素的组合与相互干扰会形成新的要素。诸如需求、储蓄利率、市场预期、技术变化、选择偏好等因素是动态变化的,一旦这些变化在人们逐利倾向的作用下开始推高整个市场的物价水平,通货膨胀的态势就会形成。

二、通货膨胀的预测

经济学需要观察货币供给和经济统计数据平均时滞的方法,以此精确预测通货膨胀的发生。

美国经济学家穆尔创建了一套,基于 16 种被广泛使用的工业原材料的现货价格的指数体系。如果这些原材料的价格出现上涨,消费价格指数必然跟着上涨。这个指数和反映居民消费物价水平的 CPI 有些相似,虽然不能全面表现正在发生的物价变动水平,但其易于观察的特点让很多人都乐于使用它。但其构成元素的权重不应简单地设定,它们彼此作用的机理也没有体现出来。

经济控制
不持观点的方法论

通货膨胀的趋势性监测不是一个简单的指标选择问题。国情的差异和产业结构的区别导致穆尔的指数体系对很多国家都不适用。

无论穆尔选择统计的商品品类是否齐全、是否足够有代表性，都不可能完全体现通货膨胀的实际情况。因为，对不同种类的商品做加权统计是非常困难的。并且，由于权重不同，做数学平均是没有意义的。

全面信息反馈是一种新的预测性方法，其观察及采集的信息是"合成信息"。政策信息（货币扩张、利率变动等）输入后，经由经济系统的自我调节，形成输出信息（物价水平信息）。这些初级"合成信息"被反馈至决策者进行误差对比。误差越大，再次发出的政策信息强度就越大，调节的力度自然越强，直至反馈的"合成信息"与决策者输入信息间的误差逼近零，或者进入容许误差范围之内，此次市场调节行为结束。

这种方法的核心要义是经济系统中采信的信息是"合成信息"，而不是单一的信息。这种观点明确揭示：在经济系统中，单一的信息是无意义的。它以系统形成的"过程趋势"作为调节目标，尽可能地把更多看不见的因素纳入经济系统的监测调节过程。

预测是为了控制，无论是自动调节还是人为干预，只有预测准确才可能输出正确的调控信息。可见预测和控制是孪生的。只有囊括了信息反馈、预测、调节的系统工程，才能有效地控制通货膨胀的规模。

三、好的通货膨胀

通货膨胀会使货币的实际价值缩水。同时，对通货膨胀的预期会影响人们的储蓄意愿。这种现象有利于刺激消费，从而有助于将经济体从流动性陷阱里拉出来。

经济学界一直有一种思想认为，要让货币政策真正起到抑制衰退的作用，适度的通货膨胀（以及相关预期）是必不可少的。

这种观点受到一些传统力量的反对。视通货膨胀为洪水猛兽的意见依然占主流地位。但追求物价稳定的经济运行是不现实的，也不是经济发展应有的约束条件。因为，消费者在物价稳定时的消费预期比较稳定，由于不担心价格上涨，人们的消费欲望有限，如此，经济增长的内生动力自然不足。

与对通货膨胀的普遍关注不同，传统经济学对通货紧缩的态度有些微妙。这可能是通货紧缩的特性导致的。通货紧缩开始时，由于物价稳定，消费心理也比较稳定，生产者采取保守平稳的策略，银行信贷政策自然平稳。在这种情况下，经济增长主要依靠外界力量和新技术的推动。

但是，经济增长的稳定态势最终必然导致一种经济疲态，一旦经济发展显露疲态，局面就很容易恶化。通货紧缩的危害时间会变得更长。经济史研究表明，人类大量的时间都在通货紧缩中度过，只不过它表现得像一个平淡无奇的过度场，远不及轰轰烈烈的通货膨胀引人注目。

我们知道，抑制通货紧缩的危害很难，摆脱通货紧缩阴影的道路更是曲折难行。我们也知道，不能为通货膨胀唱赞歌，但更不应选择性地偏向通货紧缩，那里是无尽的黑暗。

四、通货紧缩不易度量

通货紧缩普遍被认为是经济衰退的前奏：当平均物价持续走低，货币供给量不断下降，有效需求又始终不足时，经济就很容易进入全面衰退通道。

通货紧缩中的货币指标是最关键的要素。货币短缺的趋势导致需求下降、物价下降，CPI处于低位，造成的直接后果是交易无利可图、市场死气沉沉。

凯恩斯指出："无论是通货膨胀还是通货紧缩，都会造成巨大的损害……两者对财富的生产也同样会产生影响，前者具有过度刺激的作用，而后者具有阻碍作用。在这一点上，通货紧缩更有危害性。"他关于通货膨胀和通货紧缩的观点对引导西方国家走出1924—1931年的通货紧缩与萧条是有积极作用的。

与凯恩斯的有效需求理论不同，费雪是从供给的角度入手，联系经济周期现象研究了通货紧缩问题。他通过对20世纪30年代世界经济危机的研究，在1933年提出了"债务－通货紧缩"理论。他认为企业的过度负债是导致"大萧条"的主要原因。

通货紧缩之所以会使社会生产活动陷于低落，是因为通货紧缩会让生产者趋于谨慎。生产者的大部分生产资金是借来的，在通货紧缩的情况下，生产者减少经营投入和借款，把实物资产换成硬通货，因为这个时候持有货币比将货币投入经营更稳妥。

当代通货紧缩理论的发展有三个契机：一是日本20世纪

90 年代开始的经济增速下降；二是 21 世纪初美国直接运用通货紧缩理论决定货币政策；三是美国在后危机时代利用通货紧缩理论为短期刺激政策的长期化提供依据。

研究发现，衰退出现时并不一定表现为商品价格下跌。衰退的发生是悄然而至的，往往要一段时间后才能被人们感受到它的影响，这个时候再研究国民经济运行指标，会让人们大发感慨。有时经济看上去还是一派繁荣景象，没有人会相信衰退已经来临。对眼前的一些苗头，他们或视而不见，或根本不愿面对。

第三节
货币的黑洞

一、再通胀之变

最近欧美国家的经济衰退有别于前几次经济衰退，其基本特征是这些国家都面临高负债率问题，政府公共债务和居民家庭债务居高不下。居民家庭债务的主要构成部分是房屋贷款。在房屋价格下跌的情况下，资产贬值，负债率高企。由于居民家庭债务的刚性决定了其更加敏感，所以研究通货膨胀和经济衰退必须把居民负债摆在首位。

当危机来临，多轮政策实施后经济仍复苏乏力时，有人认为政府应该放弃谨慎的财政政策，出台强劲的财政刺激政策。他们认为应该加大支出以摆脱衰退，然后再来解决财政赤字问题。在危机的阴霾笼罩下，在偿债压力下，居民家庭的储蓄意识变得强烈起来，其消费意愿的减弱导致经济复苏缓慢。

中国社会的债务结构主要是政府公共债务和居民家庭债务，但不同的是中国居民的主要资产——房屋的价格过去没有出现下跌，反而在经济增长、"再通胀"的作用下不降反升。居民家庭债务比例没有提高，买卖房屋赚取差价反而让许多人缓解了债务压力。但我们不能由此推断这种趋势以后还会继续：当房价升高到一定程度时，情况就可能发生变化。相比之下，政府公共债务问题的解决方案相对多一些，虽然公共债务不容易引发经济危机，但一定会抑制经济发展。

衰退出现后，市场的投资意愿就会萎缩，民间投资更是如此。政府和居民在经济繁荣期间大肆借贷，繁荣结束后，发现自己已身处债务高地，面对萧条，更需要加大借贷规模以维持生存。经济上升时期，借贷有助于提高经济收入，进而偿还一部分债务，但借贷增加的结果是财政赤字越来越大，当经济步入衰退时，政府的负担会更重。

二、金融"黑箱"

在经济繁荣和衰退中，货币政策、利率、货币供给量及各类金融杠杆从未缺席，所以有一种说法深入人心：金融是理解经济的唯一途径。

量化宽松的货币政策是政策制定者手里必不可少的牌，反映了一种态度。繁荣不一定是货币政策的贡献，但每一次危机的爆发几乎都是货币政策的问题。

为什么决策者深知货币政策的影响，依然会在这方面犯错？没有太多可选项是一个问题，没有合理地控制是另一个问题。

第七章
无妄之灾

2013年，市场传闻美联储可能放弃量化宽松政策，于是新兴经济体发行的货币开始剧烈贬值，导致股市波动加剧，使新兴经济体的货币快速流向美国，最终导致正常发展的经济被拖入困境。

货币的流动有许多渠道，包括借贷、贸易及人的流动。货币的流动可细分为货币在国际化条件下的主动流动和因外汇管制产生汇率、利率差导致的被动流动。宏观经济学应该在监测、反馈及调节手段上促进有制度约束的货币流动，尽可能降低无序流动的破坏性影响。

三、利率双刃剑

银行利率是政府的另一项政策性工具。但在衰退出现时，人们对该如何调节银行利率却有激烈的争议。

客观上，衰退发生时，低利率会减轻居民的压力。但这是一把双刃剑。一方面，压力较小时，人们不会选择去杠杆，为以后的危机埋下了隐患。另一方面，很多人会在低利率条件下加大借款规模，追加投资，增加家庭债务。一些经营不善的企业也会借机利用低利率贷款维持经营，这也在客观上增加了债务规模。

复杂经济系统的变动是不确定的，决策者不知道会出现哪一种情况，这是经济学研究缺乏监测和反馈导致的窘境。

高利率被普遍认为是一种抑制经济发展的手段。当经济危机来临时，几乎所有的中央银行都会降息。当然也有一些人建议提高利率，促进经济结构的调整。当利率高企时，企业会选择调整产业结构，放弃高投资、低收益、低科技、高能耗的项目，以适应市场形势。这是一种壮士断腕式的被动选择，但只要经济的基本面健康，这种选择就有利于经济危机后整个系统步入良性发展轨道。可是，这种选择的痛苦是不可控的，而不可控往往意味着不现实。

瑞典经济学家古斯塔夫·卡塞尔就储蓄和利率在经济周期中扮演的角色问题提出了"高利率常常是触发经济衰退的关键因素"的结论。他的逻辑是，经济繁荣往往是由新技术造成的，随着繁荣的延续，自由资本转换为固定资本。当经济发展到一定程度，投资所耗费的自由资本要多于人们新增的自由资本，这就出现了储蓄不足的问题。接下来就是储蓄不足导致利率上升，从而影响许多商业项目的盈亏平衡，致使敏感的企业出现亏损，于是减少投资，从而使经济进入下行通道。

政策的选择是困难的。很多国家的选择都是陷入困境后的无奈之举。宏观经济学家需要"更加宏观、更加超脱、更有远见"，才能与注重微观的、实用主义的政策经济学家互补，在经济没有陷入困局前充分预判、建议及规划政策导向。

货币政策的好坏是不能一概而论的，其对经济运行的作用多种多样，不存在确定的判断标准。除利率外，其他要素也在不同层级上发挥着关键作用。

四、汇率冲击

第二次世界大战结束后，美国牵头创立了布雷顿森林体系，各国锁定汇率，其货币兑美元的汇率变动幅度不得超过1%。为了维持汇率稳定，国际货币基金组织（IMF）成立了。该组织向各国提供干预汇率所需要的资金。

第七章
无妄之灾

日本在 1952 年加入 IMF，日元兑美元的汇率是 360 日元兑 1 美元。随后 20 年，西德和日本经济狂飙，英国陷入慢性萧条，美国在越战中被严重拖累，财政恶化，美元大量外流，黄金储备也随之减少，西德和日本成了国际贸易盈余国，美国变成赤字国，外汇市场抛售美元，以购买德国马克和日元，美元地位不保的苗头出现了。于是，尼克松政府在 1971 年 8 月 15 日突然宣布美元不再绑定黄金，停止美元对黄金的兑换。

经济学史学家将这一重大历史事件称为"尼克松冲击"，标志着布雷顿森林体系的崩塌。

里根政府为了维持美国对外贸易的优势，减少贸易逆差，对日本实施了强力压制。里根主张大幅减税、大力削减社会福利开支、减缓货币增长速度、减轻私企负担、扩充国防开支、实现预算平衡，这六大举措号称"里根经济学"，让美国随后保持了连续 110 个月的经济增长，但也给美国造成了高赤字、高利率的隐患。里根本人得到了诸多美誉，却留给美国一堆麻烦，这就是货币政策的多面性。

美国、日本、德国、法国、英国于 1985 年 9 月 22 日在纽约广场饭店举行会议，签署了影响深远的"广场协议"（The Plaza Accord），决定联合干预外汇市场，诱导美元对主要货币的汇率有序贬值，以解决美国巨额贸易赤字问题。"广场协议"签订后，上述五国开始在国际外汇市场大量抛售美元，导致美元持续大幅度贬值。

1985 年 9 月，美元兑日元汇率在 1 美元兑 250 日元上下波动，但协议签订后不到 3 个月的时间里迅速下跌到 1 美元兑 200 日元左右，跌幅达 20%，之后最低曾跌到 1 美元兑 120 日元。在不到三年的时间里，美元对日元贬值了50%，也就是日元对美元升值了1倍。

从这时起，急剧上升的日元汇率使日本经济经历了著名的"虚假繁荣"，日本出现了不可控的地价上涨的苗头。这套汇率操作深深改变了日本的经济结构和经济增长方式，导致日本此后几十年始终发展缓慢。而在汇率变动的影响下，美国重夺出口优势，国内就业得以改善，经济繁荣局面固化了下来。

汇率战争多次在发达国家之间上演，美国在美元强势地位的支撑下收获颇丰。但是，汇率是把双刃剑，汇率的浮动也是经济波动的根源。

五、摩擦的平衡游戏

传统经济学观点认为，居民储蓄增加必然会影响经济增长。储蓄增加意味着投资减少，投资减少意味着经济易出现衰退。这种推理过于直接，我们应该把各种经济因素摆在一个多维经济空间中进行动态分析，而不应根据一个或几个因素预测整体经济的趋势。

经历经济波动后，人们普遍接受了不能采取凯恩斯理论的观点，这个时候人们把注意力投向了哈耶克的经济衰退理论。

哈耶克认为在经济繁荣时期，受低利率刺激，不当投资规模化涌现，这是一种"再通胀"。他明确反对再通胀政策，认为低利率导致的问题扭曲了长期和短期产品价格的正确"坡度"。他没有给出具体的"药方"，但他提倡进行去杠杆，将再通胀的投资效应完全释放。

面对衰退时，负债家庭会选择减少支出，经济体为避免宏

第七章
无妄之灾

观经济剧烈波动，首选采取大幅降低利率。当借款人通过减少借款以修复资产负债表时，经济体中对储蓄存款的需求上升。当这些存款流入金融体系，没人借款又将继续推动利率下行，最终利率将变得足够低，从而激励企业加杠杆以促进投资。这有助于弥补消费支出不足对经济的拖累。

如果政策性调整不能有效执行，经济运行中的"摩擦"现象就会出现，失控会演变为大规模的衰退，失业率随之增加。

"摩擦"的形态多种多样。当利率不可能降到足以刺激居民开始消费的时候，这种摩擦导致了名义利率的"零下限约束"，杠杆化家庭的支出缺口将无法填平，成为一种"流动性陷阱"。

零下限约束之所以存在，是因为个人的现金收益不可能为负。也就是说，零下限阻止了利率变成负值。比如，当存款银行要收取手续费时，你会把钱存在家里，确保收益不会低于0，这就是零下限。这个时候，主要的问题是如何激励储户消费，此时的态势就变成了需求确定型。

从另一个视角来看，大衰退时期消费价格的下降是不会刺激或改善经济状况的，也不会刺激人们的消费欲望。因为消费价格要下降，企业成本也要降，这意味着企业要降工资，而降工资会让消费者的消费欲望更低，同时企业的投资欲望也会下降，这将让经济更加萧条。这种情形被称为"债务－通货紧缩"循环。还有一些非物质化的因素，如心理、消费偏好及市场负面预期，都会降低消费欲望，加速经济衰退。

各种要素的相互影响让经济运行的不平衡成为一种常态，甚至越追求平衡越失衡。

第八章
治　理

经济治理的目的是为了控制经济按预定目标发展。"预定目标"本身就是一个复杂的学术问题。不同发展时期的国家的"预定目标"不同，相应的指标体系既反映当前国家的关注点，又体现国家经济治理能力和偏好。目标是否客观不仅取决于过去的经验及判断，更取决于政府的期望和理性程度。无论国家采用哪种治理模式，经济治理的宏观属性与微观经济学研究的范畴同根同源，系统的"纲"和"目"需有机结合。

一、管制需恰当

政府干预经济治理是有必然合理性的。20世纪30年代的大萧条和2008年的金融危机要是没有政府干预，后果不可想象。然而，管制和干预如果成为一种习惯，一定会限制市场机制的发挥。

保罗·萨缪尔森和威廉·诺德豪斯在《经济学》中写道："管制是政府对企业无节制的市场权利的一种限制，其基本内容是政府制定条例和市场激励机制，以控制企业的价格（租金）、销售或生产等方面的决策。"这是一种正面而中性的管制，是建立在一定法律条件下的方向性的政策引导。出于良好意愿的制度设计可能有利于经济政策的制定。

管制一般分为两类：一是价格管制，指的是对价格、市场准入和退出条件、特殊行业的服务标准的控制，如对关系国计民生的项目的价格管制，对金融、广播电视等产业运营的管制；二是社会管制，用于保护环境、劳工和消费者健康安全，或者矫正经济活动引起的派生后果和外部性问题，如空气污染、水资源管理、药品安全管理等。

制定管制政策的主要理由如下：

一是防止垄断企业和寡头乱用市场权利，主要针对关系国计民生的重要行业。但这种控制手段应是短期措施，不应该成为习惯性动作，否则市场机制就会失灵，行政力量自然坐大。

二是矫正信息的不完全倾向。例如，政府实施金融管制，要求企业在发行债券和股票时必须提供大量的公司财务及前景的材料，帮助投资者做选择。信息公开制度本身就是一种有效的管制行为。

三是纠正外部性的负面影响。现实中外部性干扰是客观存在的，但是，对外部性干扰过度敏感易导致政策的偏激化。因此，我们要寻找更好的、负面作用更小的工具。这是经济治理理论的关键。

二、开放性干预

凯恩斯理论的兴起要"归功于"美国大衰退。面对大衰退，凯恩斯认为美国经济的引擎需要政府来激活。这种观念多年来一直敦促各国政府采取干预行动。第二次世界大战后的经济复兴，更是提供了政府干预市场运行的实证依据。那时，经

经济控制
不持观点的方法论

济在政府干预下快速复苏，使人们对市场重新树立了信心。

然而让学者们困惑的是，当1997年亚洲金融危机来临时，凯恩斯理论却失灵了。各国开始采取与美国应对大萧条时相反的做法。那么，为什么在面对危机时很多国家的应对策略与标准经济学理论相左呢？因为，各个国家需要"对症下药"。"症"的确诊过程就是梳理自身经济系统的各种要素及其所起的作用，"药"就是对经济系统进行监测、调节及反馈的过程。看上去同样的现象，但要素、时间及环境条件不同，对症的方法也就不同。

经济危机来临，凯恩斯理论鼓励政府实行宽松刺激政策，让政府在市场失灵的时候积极参与市场运行。当经济系统出现紊乱震荡时，控制者（政府）应向系统输入信息（政府干预），系统输出信息并反馈至调节器（政府）进行比较，根据差异对系统实施再干预，直至系统运行进入稳态。这是一个系统降噪的过程，把希望过滤的信息去除掉，将系统逐步拉回到一个可以接受的稳定状态。

这种理想的状态符合控制论监测、比较、调节、反馈的内涵，但行政干预式的调控更多的是开环的、单向的，缺乏反馈。

由于凯恩斯政策的副产品导致了一系列危机爆发，后来各国政府尤其是西方发达国家和国际货币基金组织都开出新的纠错药方：提高利率、削减开支、增加税收。这是典型的紧缩政策，是针对宽松政策的修正办法。有人用"矫枉过正"或者"物极必反"来评价这种相对极端的经济政策。由于传统的政府干预方法是一种开放性干预，缺乏闭环控制和反馈，没有有效的修正工具和逻辑方法。

第八章
治 理

政府的任何政策都会引起市场的反应，任何影响个人权益的政策都要面对市场参与者的权衡，而市场参与者的反应未必是政府希望看到的。比如，当政府试图通过量化宽松政策（借贷、发债、印钞）来扩大支出，实现经济的再通货膨胀时，由于民众预测到进一步的通货膨胀，就会采取对抗性措施，而非如政策鼓励的那样扩大投资，这就抵消了财政支出的部分乘数效应。

对任何策略，政府和民众都应该合理预判政策的效果，而不是一味地研究政策本身。政府能够做到的是提供一个稳定的规则框架，让个体能在其中实现利益最大化。这个政策框架越稳定，市场的反应往往越积极。因此，可以说政策预期就是政府干预市场的最为有效的方法。

三、理论之误

哈耶克一贯宣扬自由、法治和宪政的基本理念。他认为，市场经济是人类迄今为止所能发现的最有效率的且较为理想的一种资源配置体系。但实践证明，简单坚持"自由放任"理念是对自由和法治的最大危害。哈耶克主张用预先制定的法律来约束政府，他并不主张无政府主义，也不主张政府在管理经济、政治与社会事务上无所作为，当然也不能无所不为。哈耶克强调只有法治才能够保证真正的自由。

理论上的偏执是学术界的毒瘤。一味地强调政府的理性，无法解释政府在经济危机前无所作为的表现；而盲目相信市场自发调节的能力，又等于放弃了理应承担的监管职能，放任市场去主导一切。以上两种做法都是理论偏执的表现。

四、干预适得其反

政府的干预手段一般分为两种：一是量化宽松的货币政策；二是积极的财政政策。政府支出和经济增长水平是存在关联的，但具体是哪种关联却有争议。有观点认为政府在基础设施建设、社会公共产品及服务等方面的投资规模越大，经济增长的动力就越充沛；但也有相反的观点，认为想要经济增速更快，就要削减政府投资规模，控制政府支出。

五、治理工具的依赖

近年来，由于计算机和通信技术的发展，经济学的数学化倾向愈发明显，各种基于过往数据的经济学模型，成了决策者们的有用工具。可是，危机来临时，这些模型却很少发挥作用。

从经济学研究历史的角度来看，数学工具只能起辅助作用，模型研究的问题不是数据资料充分与否的问题，而是模型本身的局限性问题。模型必然迟后于真实的经济发展过程，相对固化的模型很难适应多变的现实。治理经济首先要对经济的运行形成准确的预判，唯有基于系统的、动态的理论体系才有可能做到这一点。

经济控制必须先行解决宏观趋势的预测问题，因为，有效的宏观分析及预测才能为经济治理提供可行的方法。当前，经济治理存在工具依赖和路径依赖，但理论必须在经济态势与治理效果的反馈下不断发展。这符合控制论的精神：没有对系统的动态监测和反馈调节机制，就不可能有效采集信息，更不可能实现可行的经济控制。

参考文献

[1] 迈恩, 苏非. 房债: 为什么会出现大衰退, 如何避免重蹈覆辙 [M]. 何志强, 邢增艺, 译. 北京: 中信出版社, 2015.

[2] 索维尔. 房地产的繁荣与萧条 [M]. 吴溪, 译. 北京: 机械工业出版社, 2013.

[3] 张维迎, 陈志武, 许小年, 等. 师说: 人文经济学 [M]. 北京: 文化发展出版社, 2017.

[4] 许小年. 从来就没有救世主 [M]. 上海: 上海三联书店, 2011.

[5] 克鲁格曼. 萧条经济学的回归 [M]. 2版. 刘波, 译. 北京: 中信出版社, 2012.

[6] 施泰尔特. 走出低迷: 全球经济冰河期如何拯救私人资产 [M]. 黄昆, 夏柯, 译. 杭州: 浙江大学出版社, 2019.

[7] 阿瑟. 复杂经济学: 经济思想的新框架 [M]. 贾拥民, 译. 杭州: 浙江人民出版社, 2018.

[8] 董藩. 房地产的逻辑 [M]. 厦门: 鹭江出版社, 2018.

[9] 海尔布隆纳. 经济学统治世界 [M]. 唐欣伟, 译. 长沙: 湖南人民出版社, 2013.

[10] 奥默罗德. 经济学之死: 正统经济理论的危机与建议 [M]. 熊强, 王海荣, 译. 北京: 人民邮电出版社, 2016.

[11] 阿克洛夫, 席勒. 钓愚: 操纵与欺骗的经济学 [M]. 张军, 译. 北京: 中信出版社, 2016.

[12] 韦森. 中国经济增长的真实逻辑 [M]. 北京: 中信出版社, 2017.

[13] 海恩,勃特克,普雷契特科. 经济学的思维方式[M]. 史晨,译. 北京:机械工业出版社,2020.

[14] 特维德. 逃不开的经济周期:历史、理论与投资现实[M]. 董裕平,译. 北京:中信出版社,2021.

[15] 加尔布雷斯. 正常的终结:理解世界经济新常态[M]. 蒋宗强,译. 北京:中信出版社,2017.

[16] 梅森. 新经济的逻辑:个人、企业和国家如何应对未来[M]. 熊海虹,译. 北京:中信出版社,2017.

[17] 韦普肖特. 凯恩斯大战哈耶克[M]. 闾佳,译. 北京:机械工业出版社,2013.

[18] 阿克洛夫,希勒. 动物精神[M]. 黄志强,徐卫宇,金岚,译. 北京:中信出版社,2012.

[19] 伊斯特利. 经济增长的迷雾[M]. 姜世明,译. 北京:中信出版社,2016.

[20] 萨缪尔森,诺德豪斯. 经济学[M]. 萧琛,译. 北京:商务印书馆,2013.

[21] 德赛. 自大:无视危机的经济学家与经济周期探寻[M]. 吴心韬,译. 北京:人民邮电出版社,2016.

[22] 柯兹纳. 市场如何运行[M]. 沈国华,译. 上海:上海财经大学出版社,2019.